AF390456

MARY WHITE

COMMENT FAIRE DE LA POTERIE

Traduit par PATRICK KUNYIMA LUPUMBA

Exibook est une maison d'édition des livres qui a pour but de faire la promotion de la tradition écrite en Afrique.
Pour tout contact: exibookinfo@gmail.com
ou patkunyima@yahoo.fr
+243 99 8322 223
+243 97 9502 219

Distribution: Exibook
ISBN: 978-2-38337-098-7

CONTENUS

PRÉFACE

Un art comme la poterie, qui est presque aussi vieux que la race humaine, est naturellement abordé avec un certain degré de révérence. On pense à ses vieux maîtres dans divers pays et époques - comment ils se sont contentés de passer leur vie à l'étudier et à la pratiquer.

Il y a cependant une autre pensée qui me vient à l'esprit: que cet art, comme tous les autres, devait avoir son commencement. De plus, chaque potier, depuis l'homme primitif qui s'est rendu compte le premier que l'argile qui contenait de l'eau pouvait être moulée dans des récipients portables dans un même but, jusqu'à l'artiste potier d'aujourd'hui, a appris les premiers pas du métier.

C'est cette pensée qui m'a encouragé à étudier les débuts de la poterie, et qui m'amène à offrir ce livre à ceux qui se lanceraient également dans le travail de l'argile, sans autre qualification que le désir d'apprendre à faire de la poterie.

CHAPITRE I : LES ARGILES ET LES OUTILS

L'argile est ce que l'on pourrait appeler la dérive des roches des siècles passés. La plupart des pierres sont principalement constituées de silice et d'alumine. À une époque révolue, la potasse et d'autres alcalis, sous l'action de la chaleur, fondaient ces matériaux en roche. La potasse est affectée par l'atmosphère, elle a donc progressivement quitté la roche, qui s'est décomposée, et les nombreuses particules, les déchets fins, après divers changements, sont devenues de l'argile. On trouve de l'argile parfaitement pure, ou silicate hydraté d'alumine, là où certains granites et autres roches feldspathiques se sont décomposés. Au fil des années, les argiles, en particulier celles en surface, ont recueilli des impuretés. L'argile noire, par exemple, qui se trouve au sommet du lit, en contient un grand pour cent. de carbone, formé par des feuilles et des brindilles pourries - comme le charbon ou la tourbe. Étrange à dire, cela brûle plus blanc que toute autre argile de poterie. Il contient plus de potasse que les autres argiles et se déclenche à une chaleur plus basse. Les différentes proportions dans lesquelles certains minéraux se retrouvent dans les argiles déterminent leur caractère plastique ou non, fusible ou réfractaire. Les potiers n'ont pas pu s'entendre sur la raison de la plasticité de l'argile. Certains pensent que la silice lui confère de la plasticité; d'autres qu'elle est due à l'eau inhérente à l'argile (que l'on appelle l'eau de combinaison), et donnent comme raison de leur croyance le fait que l'argile brûlée perd sa plasticité, pour ne plus jamais la récupérer. Pourtant, l'eau seule ne fait pas toutes les argiles plastiques: d'autres ingrédients sont parfois nécessaires. Le premier potier utilisait l'argile telle qu'elle provenait du sol, mais quand il a commencé à la faire cuire au feu, il a constaté que des matériaux de revenu étaient nécessaires. Du sable était souvent ajouté pour faciliter sa manipulation,

Plus tard, à mesure que l'art progressait, la valeur de certains matériaux pour réguler les qualités fusibles et réfractaires de l'argile naturelle a été reconnue. Il y a dans les argiles le jeu des substances fondantes et non fondantes. Le silex et l'alumine sont durs et maintiennent l'argile dans le feu féroce du four; la potasse et la soude la rendent douce et fusible. On pense que la valeur du silex moulu dans la poterie n'a été découverte qu'à la fin du XVIIe siècle. L'histoire est qu'un certain potier voyageant à cheval a été retardé à cause d'une inflammation des yeux de son cheval. Un autre, voulant l'aider à sortir de sa difficulté, prit un silex sur la route et, après l'avoir mis au feu jusqu'à ce qu'il fût rouge, le jeta dans l'eau froide. Il s'est brisé en morceaux, d'un blanc pur, qui étaient facilement poudrés et appliqués sur les yeux de l'animal. Ravi comme le potier était de la guérison de son cheval, la découverte d'un matériau blanc infusible pour sa poterie lui plaisait encore plus.

La combinaison de fer et de chaux dans une argile forme un flux naturel. Par exemple: l'argile réfractaire, qui est assez réfractaire mais qui en contient un petit pour cent. de fer, deviendra, par l'addition d'une proportion de merlan (chaux), plus fusible. Le fer et la chaux en plus grande quantité se trouvent dans l'argile qui est transformée en articles rouges - pots de fleurs, briques rouges et autres articles courants. Le grand pour centage de fer lui donne sa couleur rouge. Il ne fait pas un article aussi solide que les autres argiles. Cet article rouge, qui tire à la chaleur la plus basse, nous le classerons dans le groupe I. Au groupe II. appartient les articles jaunes ou Rockingham. Cela se déclenche à une chaleur orange clair, de 1800 à 2000 degrés Fahrenheit. Il est souvent fini avec une glaçure brun foncé. Les bols à mélanger et autres ustensiles de cuisine relèvent de ce groupe. Groupe III. contient le chamois ou la crème, généralement fait d'argile réfractaire. Cela durcit à une chaleur intense, de 2200 à 2500 degrés Fahrenheit. Dans ce groupe se trouve la poterie fine. La poterie d'art relève de cette tête. Groupe IV. est le chamois ou la crème, cuit à la chaleur blanche et au-delà. C'est le grès. En raison de la grande chaleur à laquelle il est cuit, il est possible de n'utiliser que certaines couleurs dans les émaux. Ils sont limités au gris, au marron, au vert et au bleu. Du sang de boeuf a été obtenu dans cet article, mais il est incertain. Les cruches de claret et de vinaigre et les pots de beurre font partie de ce groupe. Le groupe V. est le blanc ou la vaisselle et le groupe VI. la vaisselle translucide ou la porcelaine, faite de kaolin, le grade le plus pur de l'argile. Felspar le rend fusible et translucide, et, pour lui donner de la plasticité, une petite proportion de boule ou d'argile réfractaire est ajoutée.

L'argile de poterie diffère de la pâte à modeler en ce qu'elle a plus de rigidification, pour ainsi dire. Ce n'est pas si plastique, mais, par contre, il supportera la chaleur du four, ce que l'autre ne supportera pas. lesept L'ajout de merlan ou de feldspath à la pâte à modeler donnera la rigidité nécessaire. Une argile de poterie convenant au travail que l'on peut produire dans son four doit être disposée de manière à durcir au degré de chaleur auquel le four s'allume. Pratiquement, nous n'aurons rien à voir avec tout autre que l'argile bleue ou boule et l'argile feu. Ce sont les meilleurs pour la poterie qui doit être aussi bien belle qu'utile. Il est possible, bien sûr, d'utiliser l'argile de pot de fleur, et, peut-être, si l'on peut facilement obtenir cette argile, et est assez près d'une poterie où la céramique rouge est cuite - de sorte que ses pièces puissent être commodément envoyées là - il serait peut-être plus sage de s'en servir que d'acheter des argiles plus fines qui viennent de loin, et d'être obligé d'envoyer ensuite sa poterie dans un four éloigné pour la cuisson.

Cependant, la vaisselle en pot de fleurs n'est pas solide et on ne peut pas y utiliser de vernis fins, de sorte que, si possible, de l'argile qui brûlera à une plus grande chaleur devrait être choisie. Un mélange d'argile réfractaire et de boule ou d'argile bleue donnera de bons résultats, et les pièces fabriquées avec elle peuvent être envoyées à la poterie d'art la plus proche ou à un four où le grès est cuit. Ayant trouvé une fois une bonne argile, les potiers changent rarement. En fait, ce sentiment est si fort chez certains qu'il équivaut presque à une superstition. UNE8 le potier qui a obtenu une argile satisfaisante dans un certain État enverra toujours dans le même État et dans le même lit cette argile, peu importe à quelle distance il en soit, ni à quel point l'argile de son propre État peut en venir à l'analyse. de ce qu'il a utilisé.

L'argile est, bien entendu, amenée des lits d'argile en masses agglomérées. Il doit être gardé à l'extérieur, car le vent et le temps lui font du bien. En le préparant, les gros morceaux sont pilés finement et passés au tamis dans lequel il y a trente à quarante mailles au pouce. Il est maintenant prêt pour le trempage. Une erreur courante est de verser de l'eau sur l'argile dans son état de roche, puis d'employer un garçon ou de passer son temps à la pétrir. Le processus le plus simple et pratique consiste à le tamiser comme déjà décrit, puis à ajouter l'argile en poudre à l'eau. De cette manière, chaque particule est mouillée à la fois et en beaucoup moins de temps l'argile est prête à l'emploi. Si cela prouve que trop d'eau a été fournie, versez-en une fois que l'argile est bien mélangée, et, si elle est encore trop humide, étalez-la sur des plaques de plâtre en l'air;

Il est souvent possible, à peu de frais, d'obtenir l'argile déjà tamisée et mélangée à partir d'une poterie, et c'est, bien sûr, un avantage.

Gardez votre argile dans un grand pot de terre dans lequel un peu d'eau a d'abord été versé. Faites des trous profonds avec le pouce et versez-y de l'eau. Couvrir avec un chiffon humide puis avec le dessus en terre. Lorsque l'argile sèche tellement qu'elle est difficile à mouler, laissez-la sécher complètement et réduisez-la en poudre sur un banc solide ou une table avec un vieux fer à lisser. Il peut ensuite être remélangé, comme déjà décrit.

Lorsque vous êtes prêt à commencer le travail, prenez un morceau d'argile de bonne taille, disons environ dix livres; piler et pétrir sur une table. Ensuite, tirez un fil solide à travers au milieu, en le divisant en deux. Appuyez sur les deux surfaces extérieures ensemble, en pétrissant les trous d'air, qui se trouveront sur les surfaces intérieures. Ce processus répété plusieurs fois expulsera finalement toutes les bulles d'air et laissera l'argile en bon état pour le moulage. L'argile qui doit être utilisée sur la roue devra être beaucoup plus bien pétrie que celle de la poterie moulée ou construite à la main.

Outils

dix

FIG. 1

FIG. 2

FIG. 3

Fig. 4

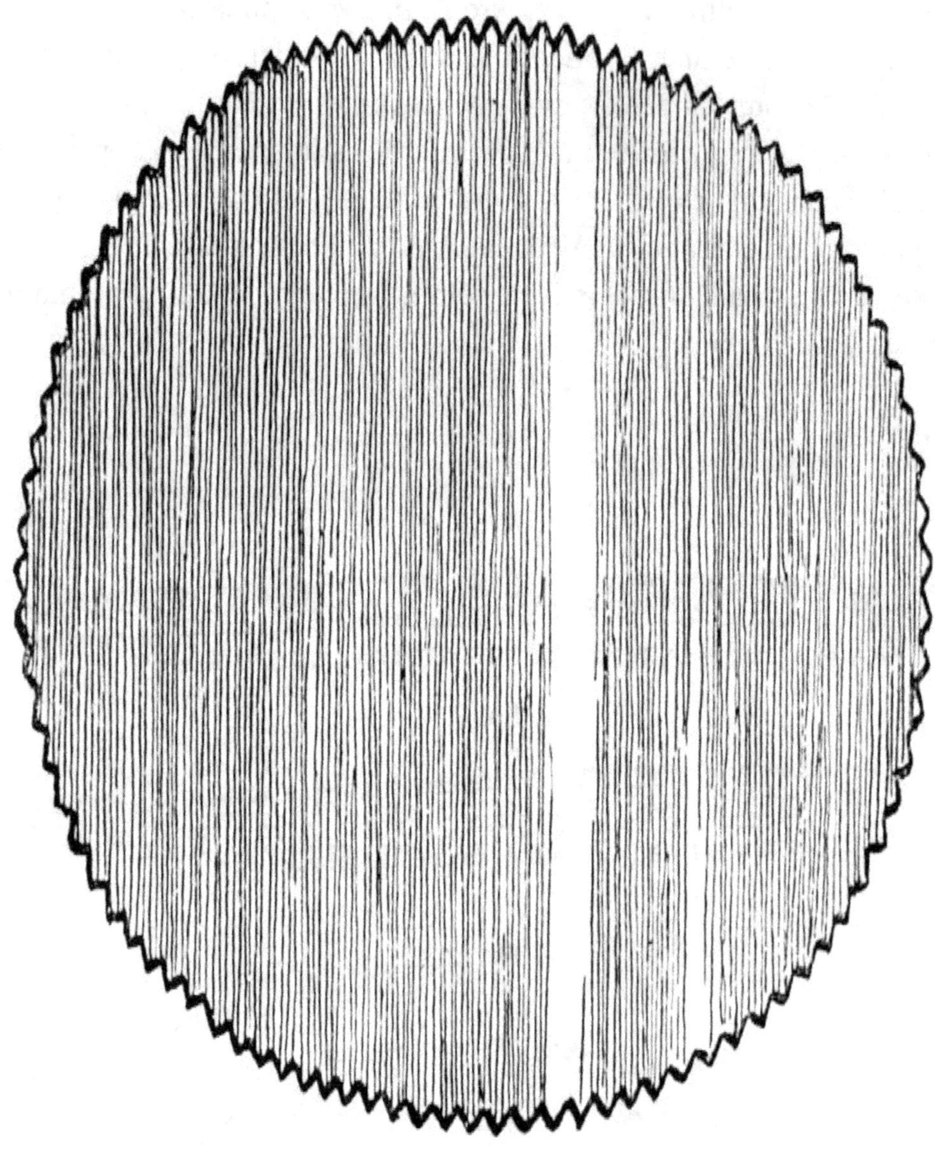

Fig. 5

Les outils de modelage en buis sont utiles pour la poterie moulée à la main et pour la décoration. Une

un outil pointu, comme un crayon aiguisé (voir Fig. 1), et un autre à double extrémité, avec des pointes plus aplaties et arrondies (voir Fig. 2), suffiront pour commencer. On devrait aussi avoir un outil en acier à double extrémité avec bouts de couteau pointus (voir Fig. 3), pour inciser et autres travaux décoratifs. Un outil en acier avec des extrémités étroites et aplaties (voir Fig. 4) est nécessaire pour découper l'arrière-plan afin de laisser le dessin en bas relief.

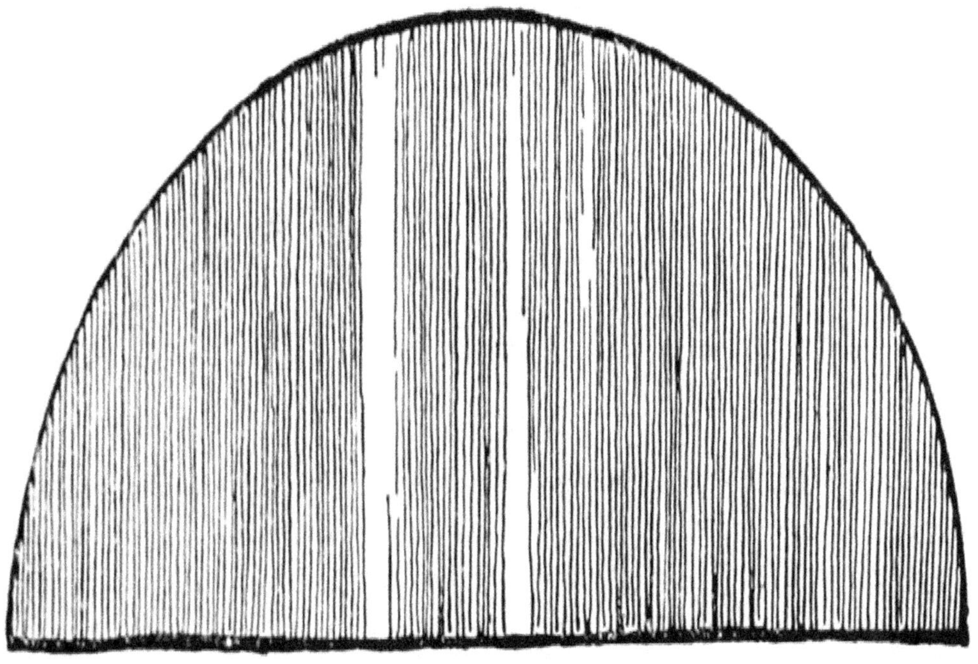

FIG. 6

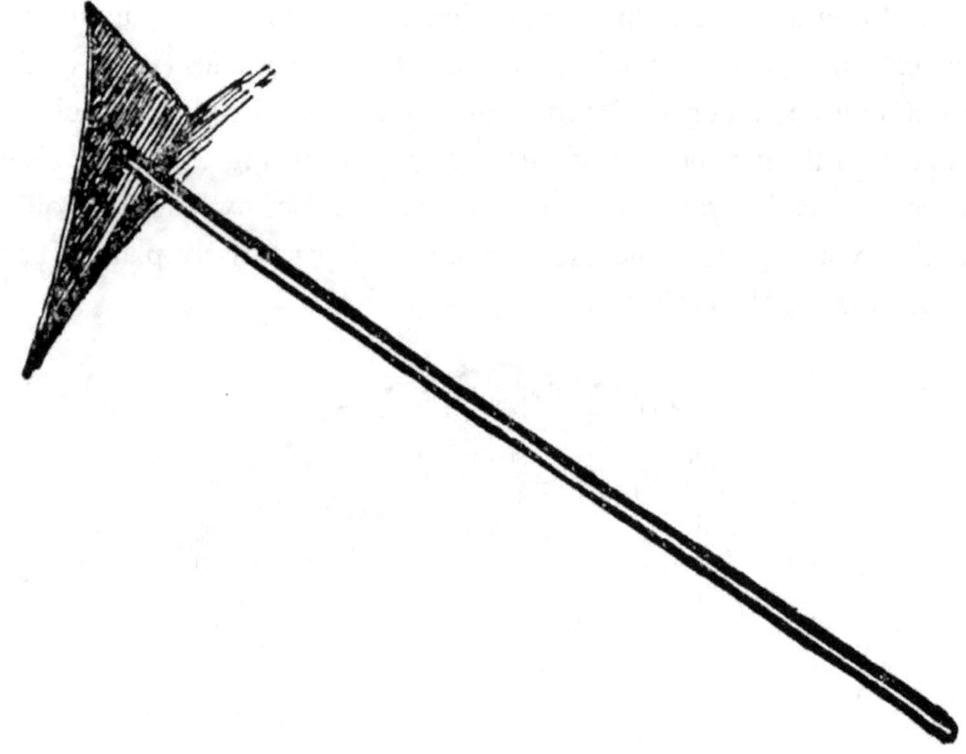

FIG. 7

Les outils à utiliser avec le tour du potier sont principalement en acier mince, et peuvent facilement être coupés à partir d'un tôle d'acier que l'on peut acheter chez un revendeur en quincaillerie. Il devrait y avoir une forme ovale de deux pouces et quart sur quatre pouces, et une autre de la même taille et de la même forme avec les bords coupés en dents de scie (voir Fig. 5). Il devrait également y avoir un outil avec un côté droit et l'autre incurvé (voir Fig. 6), et un outil rectangulaire d'environ deux par quatre pouces. Un outil en acier en forme de houe (voir Fig.7) est indispensable pour travailler sur la roue, tout comme une fine pointe d'acier, d'un pouce et quart de long, placée dans un manche en bois (voir Fig.8), et un morceau de fil solide. Un polisseur de caoutchouc, de la taille et de la forme de l'outil ovale en tôle d'acier, sera également utile. Ceux-ci peuvent être achetés chez les marchands d'outils de potiers. Une éponge, une dalle de verre dépoli d'environ un pied carré, un rouleau à pâtisserie et du papier de verre sont également essentiels.

FIG. 8

Des dalles rondes et carrées de plâtre de Paris doivent être prévues sur lesquelles poser les pièces de poterie pendant leur formation. Ceux-ci peuvent être achetés ou coulés dans des moules, selon les instructions du chapitre VII.

CHAPITRE II : POTERIE FAITE À LA MAIN

Il est très important que le potier ait un atelier - qu'il soit si petit - que la poussière d'argile et l'eau ne nuiront pas. Une cave claire et sèche est un bon endroit, ou une dépendance, si l'on habite à la campagne. Le sentiment de liberté qui vient de travailler de cette manière est une aide pour obtenir de bons résultats. Protégé par un tablier à manches longues et dans un tel endroit, il n'est pas nécessaire d'avoir un soin pour les vêtements ou les tapis. Une vieille table robuste, une ou deux chaises, et peut-être une étagère, sur laquelle poser la poterie finie - avec celles-ci, le tour et le banc du potier (voir chapitre III.), On sera bien équipé. Cela prend pour acquis que l'on a pu acheter son argile prête à l'emploi. Sinon, il doit y avoir une cuve pour mélanger l'argile et un tamis (voir chapitre I.). En plus de l'argile et des outils déjà mentionnés au chapitre I.,eau jusqu'à la consistance d'une crème très épaisse. Le potier est maintenant prêt à travailler.

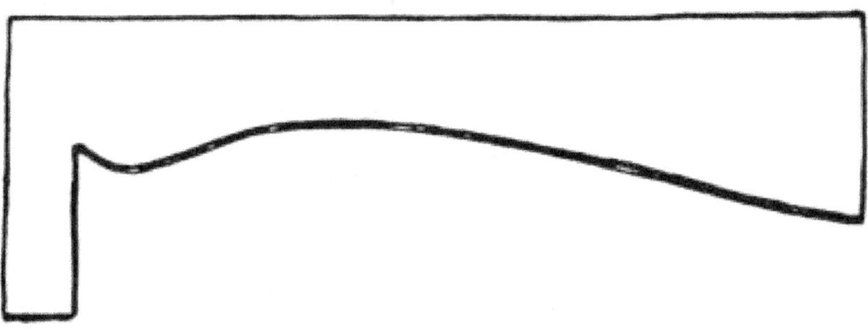

FIG. 9

Les petits morceaux de poterie, tels que les plats et les chandeliers, peuvent être moulés à la main à partir d'une seule pièce d'argile (voir chapitre VI.); mais, pour les pièces plus grandes, le processus indien fort et simple de construction avec des bobines d'argile est plus satisfaisant. Cela peut se faire de différentes manières. Soit la pièce est formée en enroulant les bandes d'argile dans un moule, comme décrit dans les chapitres VI. et VII., ou en le construisant à l'œil, assisté par un contour en carton (voir planche), ou il peut être formé entièrement à l'œil, comme le bol de roses avec un dessin de papillon du chapitre VI. La première méthode, bien qu'elle soit la plus simple, n'est pas la meilleure pour commencer, car on compte trop sur le moule et on l'utilise inconsciemment trop souvent, au lieu d'entraîner son œil à faire une forme vraie et belle. La deuxième méthode - tester le formulaire avec un contour en carton au fur et à mesure que la pièce est construite - sera la meilleure pour commencer. Après avoir décidé de la forme qu'il souhaite réaliser, le potier la dessine en contour (grandeur nature) sur un morceau de carton. Il sera sage de choisir une forme aussi proche que possible d'un cylindre; par exemple, un pot pour les fleurs. L'esquisse de contour est divisée par une ligne verticale régissait exactement par son centre. Une autre ligne droite, parallèle à la première, est dessinée à trois pouces à sa droite. Le contour est ensuite découpé (voir Fig. 9) de manière à faire un guide pour le contour du pot. Un morceau d'argile plat et rond, d'environ cinq pouces de diamètre et d'un demi-pouce d'épaisseur, est maintenant moulé et placé au centre d'un carreau de plâtre. Au milieu de cette pièce, un cercle de deux pouces et trois quarts de diamètre est dessiné à l'aide d'un outil. Un morceau d'argile, qui a été bien travaillé pour sortir tous les trous d'air, est roulé sur la table avec les paumes des mains (près de la base du pouce) légèrement, mais avec une poussée suffisante pour faire tourner l'argile entièrement chacun temps. Si le rouleau s'aplatit à cause d'une pression trop forte, tapotez-le en forme circulaire et continuez à le rouler jusqu'à ce qu'il ait une épaisseur uniforme - environ un pouce de diamètre. coupé en une longue pointe, et la bobine est démarrée sur le bord, côté étroit vers le haut, sur le cercle dessiné sur le fond d'argile, qui avait auparavant des lignes entrecroisées d'avant en arrière avec un outil en acier, pour assurer la première bobine. s'y accrocher. Pour rendre cela encore plus sûr, une touche de glissement est légèrement brossée ici et là sur le bord du cercle. Pendant que le pouce et le majeur, de chaque côté de la bobine, la soutiennent, l'index la presse fermement vers le bas tout autour (voir plaque). Il est tellement plus facile d'évaser les parois d'une pièce que de les rendre droites, ou de les rentrer, qu'il faut les maintenir aussi près que possible à la verticale, surtout au départ. Une fois le circuit réalisé, coupez l'extrémité de la bande d'argile en une longue pointe plate qui s'emboîtera uniformément avec celle du début de la bobine, et appuyez sur les bords avec le plat de l'ongle du doigt ou du pouce. Ceci est également fait là où les bords de la bobine viennent contre le bas, à l'extérieur et à l'intérieur. Des courses rapides, fermes, mais courtes du clou de haut en bas rejoignent les bords. Lors de la mise sur la deuxième rangée, aucun marquage avec l'outil n'est nécessaire - seulement pour le brosser avec du glissement. Après l'ajout de la deuxième rangée, le pot est mis en l'air pendant une demi-heure environ, jusqu'à ce qu'il ait rigidifié un peu. Cela suppose que le potier travaille à un moment où l'argile ne gèle pas. Par temps froid, il faut laisser la pièce se raidir à l'intérieur, car la poterie une fois gelée est inutile. L'intérieur du fond et les parois sont ensuite lissés avec beaucoup de soin, car, comme il s'agit d'un pot haut, cela doit être fait avant que les murs ne deviennent trop hauts. Deux autres rangées de bobinage sont maintenant ajoutées comme auparavant, testant la forme en appuyant sur le contour en carton tout autour de la circonférence. Après cela, le pot est à nouveau mis en l'air pendant une demi-heure environ. Cette méthode se poursuit jusqu'à ce que le pot soit construit.

CONSTRUCTION D'UN MORCEAU DE POTERIE
1. Fabrication de la première bobine
2. Test du contour
3. Poursuite de la pièce

Si les murs deviennent fragiles et ne sont pas sûrs de les travailler trop rapidement, laissez-les sécher plus longtemps, plusieurs heures ou toute la nuit, avant de terminer. Testez constamment la forme avec le contour en carton. Lorsque le pot est aussi haut que le dessin, ou même un quart à un demi-pouce plus haut, laissez-le sécher pendant la nuit. Il doit ensuite être lissé avec un outil en acier ovale, qui a un bord en dents de scie (voir Fig. 5), pour éliminer les pires inégalités. L'outil est plié pour épouser la forme du pot et maintenu à angle droit avec celui-ci, le lissant avec de courts mouvements dans différentes directions. Cela se fait à l'intérieur et à l'extérieur. Les creux sont également remplis. Pour ce faire, mouillez d'abord la tache avec du glissement et remplissez-la d'argile aussi près que possible de la consistance de celle du pot. Les côtés sont ensuite parfaitement réalisés même avec l'outil ovale aux bords lisses, en le maintenant pendant que l'outil en dents de scie était tenu. Lorsqu'il n'y a pas de creux ou de crêtes et que les parois ont environ un quart de pouce d'épaisseur, la surface du pot est lissée avec une éponge humide et polie avec les doigts et le pouce à l'intérieur et à l'extérieur, en prenant soin de ne pas la tenir par le bord, mais posez-le dans la main évidée. S'il était devenu très sec, comme il le sera dans un temps relativement court par temps chaud, de sorte qu'il soit de couleur gris clair, il sera sage de le lisser avec du papier de verre au lieu de l'éponge, comme dans cet état, même un peu d'eau peut le faire craquer. On ne peut pas apprendre trop tôt, ou avoir trop souvent impressionné son esprit, le risque d'ajouter de l'argile humide à une poterie beaucoup plus sèche. Le rétrécissement naturel qui a déjà eu lieu dans l'argile sèche se répétera à l'état humide et, en rétrécissant, il craquera l'argile plus sèche. Les fissures dans l'argile sont de deux types: celles causées par le retrait de l'argile non cuite ou verte et celles qui proviennent d'un refroidissement trop rapide dans le biscuit ou l'argile cuite. Le premier peut généralement être réparé satisfacteur, mais pour ce dernier il n'y a pas de remède; la pièce est gâtée.

Pour réparer une fissure dans l'argile qui n'est que partiellement sèche, mettez un peu de barbotine dans la fissure et travaillez ensuite, avec un outil de modelage, de l'argile de la consistance de la pièce. Si, après avoir séché plus longtemps, la pièce se fissure à nouveau - une longue et profonde fissure qui traverse l'intérieur - il n'y a aucun moyen de la réparer sauf en coupant l'argile de chaque côté pendant un certain espace au-delà de la fissure, en brossant les deux côtés avec du glissement, et en remplissant avec de l'argile autant que possible la consistance de la pièce. Ceci est enfoncé par petits morceaux, petit à petit, jusqu'à ce que le vide soit comblé. S'il devait se fissurer à nouveau dans des endroits petits et courts, remplissez-les d'argile sèche en poudre, pressée et moulée avec un outil en acier.

Si la pièce se fissure lorsqu'elle est sèche, c'est-à-dire après qu'elle a séché pendant plusieurs jours et est de couleur gris pâle - broyer quelques morceaux d'argile cuite en une poudre fine, ajouter suffisamment d'eau pour faire un coller et remplir les fissures avec.

Le bord du pot est coupé le plus uniformément possible avec un outil, puis rendu parfaitement conforme par la méthode suivante: Un peu d'eau est versée sur une dalle de verre dépoli, et le pot, maintenu de bas en haut, est déplacé fermement mais rapidement rond et rond sur la surface humide, puis rapidement repris (en le faisant glisser au bord de la dalle) avant qu'il ne s'accroche au verre. Le fond doit maintenant être terminé. Le pot est d'abord placé de bas en haut sur une dalle ou une table, puis un cercle est dessiné avec un crayon à environ un demi-pouce du bord du fond. Ceci est décrit avec l'outil en acier pointu, et le bas dans le cercle est uniformément et soigneusement découpé avec des coups de l'outil ovale à bords lisses, de sorte que l'anneau extérieur forme une arête d'au plus un seizième de pouce au-dessus. L'intérieur déprimé du cercle. Le potier coupe maintenant son initiale ou marque, qui est faite en lignes aussi simples que possible, dans le fond avec des coups fermes et profonds. Si le pot n'est pas très sec, un outil de modelage en bois peut être utilisé pour cela. Sinon, l'outil en acier pointu est choisi. Il faut prendre soin de ne pas couper sous le bord en faisant ces lignes incisées. Les bords doivent plutôt être biseautés, de sorte que, lorsque le vernis est appliqué, il coule plus librement sur eux.

Si possible, ce pot, étant grand, doit être cuit dans le biscuit, c'est-à-dire avant d'être glacé, puis à nouveau après avoir été glacé; à moins que l'on ne soit obligé de l'envoyer sur une longue distance pour être tiré, de sorte que plus d'un tir est impraticable, en dans ce cas, il doit, bien entendu, être glacé sur l'argile crue.

Une glaçure vert pâle (voir les instructions au chapitre V.) le complétera.

Dans l'emballage pour envoyer des pièces à un four éloigné par exprès, utilisez une boîte en bois et, après l'avoir recouverte de papier journal, enveloppez les morceaux dans du papier doux et emballez-les soigneusement dans de la sciure de bois.

CHAPITRE III : TRAVAIL SUR LA ROUE

À partir de l'Encyclopedia Britannica

FIG. 10

Que le potier primitif n'a pas moulé sa poterie sur une roue, nous pouvons être raisonnablement sûrs. Les Egyptiens, cependant, dès 4000 av.J.-C., utilisaient le tour de potier le plus simple, comme le prouvent des fragments de poterie encore existants. Cette roue était une petite table ronde tournant sur un pivot (voir Fig. 10). Le potier la mettait en mouvement avec sa main, et de temps en temps la faisait tourner pour qu'elle continue à tourner. La même roue est utilisée à ce jour dans de nombreuses régions de l'Inde. Une amélioration de ce simple artifice fut faite en Egypte sous les Ptolémées. Une table circulaire plus grande était fixée plus bas sur le même axe. Le potier se mit et se mit en mouvement avec son pied, laissant ses mains libre à tout moment de mouler l'argile, tandis que la roue était maintenue à une vitesse régulière.

Ce que l'on appelle techniquement «lancer» ou mouler de la poterie sur la roue est un processus qui ne s'apprend pas en un instant, ni même en une journée. Cela prend du temps et de la patience, mais c'est certainement l'une des parties les plus fascinantes du métier. On aurait perdu la moitié du charme de la poterie qui n'avait pas senti l'argile plastique, sur le tour du potier, monter et descendre entre ses mains, presque comme doué de vie !

La rapidité avec laquelle les pièces peuvent être formées sur la roue est un avantage par rapport aux autres processus, tandis que la régularité de la forme, le raffinement et la perfection de la finition confèrent à la poterie sur roue une beauté qui lui est propre. Jusqu'à récemment, peu de potières travaillaient sur le tour, car la forme ordinaire du tour de potier, qui était tourné d'un pied, le potier debout sur l'autre, rendait le travail trop difficile et laborieux pour une femme. Maintenant, cependant, une roue copiée d'un ancien modèle français est en cours d'utilisation, ce qui permet au potier de s'asseoir au travail. Il s'agit de la roue représentée sur la figure 11. Elle peut être obtenue auprès des fabricants d'outils de potier. Le coût d'une telle roue, avec un dessus et un arbre en fer, et un volant en bois composé de trois épaisseurs de planches, coûte dix-huit dollars, mais les roues d'occasion peuvent parfois être achetées pour beaucoup moins cher. Lorsque la roue est mise en place, la boîte d'arbre (une boîte carrée sous la roue supérieure) est fixée au bord d'une table ou d'une étagère solide, qui a été placée sous un bon éclairage. Un siège incliné vers l'avant, semblable à un bureau de lecture, est en bois (voir Fig. 11) et installé suffisamment près de la roue pour qu'une personne assise dessus puisse atteindre la roue confortablement. Il est contreventé par une planche de chaque côté s'étendant en diagonale vers l'avant, de la jambe du siège au sol, et par une planche fixée sur la droite du dessus du siège et atteignant la table. Sous la table, un repose-pied, en gros planches, est nécessaire.

FIG. 11

Dans un premier temps, il sera judicieux d'apprendre à mettre la roue en mouvement. Supposons que nous pratiquions cela plusieurs fois avant de commencer à mouler. Quand on est assis sur le banc incliné, le pied gauche sur le repos, le pied droit commençant juste en dessous du corps, près du bord extérieur de la roue, fait pivoter le volant de droite à gauche. La pointe du pied est utilisée pour cela. Quatre ou cinq tours vigoureux sont effectués, puis le pied, se balançant plus près de la tige de fer, donne cinq ou six poussées supplémentaires au volant et est placé sur le repose-pied. Les potiers experts peuvent tourner avec le pied pendant que les mains sont occupées à mouler, mais nous qui sommes débutants ferons sagement de faire tourner la roue, puis, en gardant les deux pieds sur le reste, accorder toute notre attention au travail manuel, jusqu'à ce que le plus lent les révolutions nous avertissent qu'il est temps de donner un autre départ à la roue. Une mise en garde doit être donnée, et ce n'est peut-être pas hors de propos ici: ne travaillez pas trop longtemps au volant. Une demi ou trois quarts d'heure de travail régulier à la fois suffiront. Après ça, laissez-le pendant une demi-heure et vous ne serez pas fatigué physiquement ou nerveusement; de plus, le travail ira beaucoup mieux. Ayez vos outils et un bol de glissement fin à portée de main pendant que vous vous asseyez au volant.

Au début de votre pièce, un morceau d'argile, disons environ deux livres, bien travaillé, est transformé en boule. Mouillez le haut de la roue, puis frottez-la de manière à laisser la roue juste assez humide pour que l'argile adhère, mais pas glissante, pour qu'elle glisse. Le morceau d'argile, tenu à deux mains, est ensuite jeté fermement au centre de la roue. Le bas de la bosse doit être bien en bas sur la roue, et il est très important de l'avoir exactement au centre. Les mains sont mouillées de barbotine, qui est également frottée sur le morceau d'argile avec les deux mains pour qu'elle soit parfaitement humide.

La roue est maintenant mise en mouvement comme déjà décrit, et lorsqu'elle est bien démarrée, et que les deux pieds sont sur le reste, les mains tenues l'une de chaque côté de l'argile en commençant près de la roue, remontent lentement les côtés de la roue. Forfaitaire, en le dessinant en forme de cône. Les coudes doivent être bien appuyés contre les côtés du corps, de manière à maintenir les mains absolument stables, car ils ne doivent jamais vaciller ou se balancer avec la roue, mais rester fidèles et fermes. Si la masse n'est pas exactement au centre de la roue, ou si la forme du cône n'est pas uniforme, les mains sont à nouveau mouillées de glissement, dont quelques gouttes sont secouées sur l'argile. Les pouces sont posés ensemble et les mains à la base des pouces sont fermement pressées sur l'argile (lorsque la roue tourne), en la pressant à nouveau en forme de monticule. Les mains et l'argile sont de nouveau mouillées et la roue a démarré. L'argile est maintenant pressée à nouveau en forme de cône, en prenant grand soin d'avoir une pression uniforme et lente. Les mains doivent bouger, après chaque revolution, pas plus d'un quart de pouce. Lorsqu'une bonne forme de cône est faite exactement au milieu de la roue, la pièce est «centrée». Afin de prouver que le cône est absolument au centre, mettez la roue en marche, attachez les bras contre le corps et, en stabilisant la main droite avec la gauche, rapprochez de plus en plus l'index de la droite du cône, jusqu'à ce qu'il tout sauf le touche. Si la figure frappe à un endroit quelconque, cela prouvera que le cône n'est pas centré, et il doit être pressé à nouveau en forme de monticule comme déjà décrit, mais s'il ne fait que l'effacer tout autour, le potier passe à l'étape suivante .

Les pouces, maintenus rapprochés au-dessus de l'argile, sont dirigés vers le centre exact de celle-ci, et leurs extrémités sont fermement mais légèrement pressées, tandis que la roue tourne une ou deux fois. C'est pour marquer le centre. La prochaine étape consiste à évider la pièce. Cela se fait également avec les pouces. Les mains et l'argile étant mouillées de glissement, et la roue a bien démarré, les doigts inclinent les parois extérieures de la pièce, tandis que les pouces sont fermement enfoncés au centre de l'argile et résolument à moins d'un demi-pouce du bas. . C'est quelque chose que le potier apprend à connaître presque par instinct - à quelle distance il peut se rapprocher du haut de la roue tout en laissant un fond suffisamment épais pour être taillé et fini.

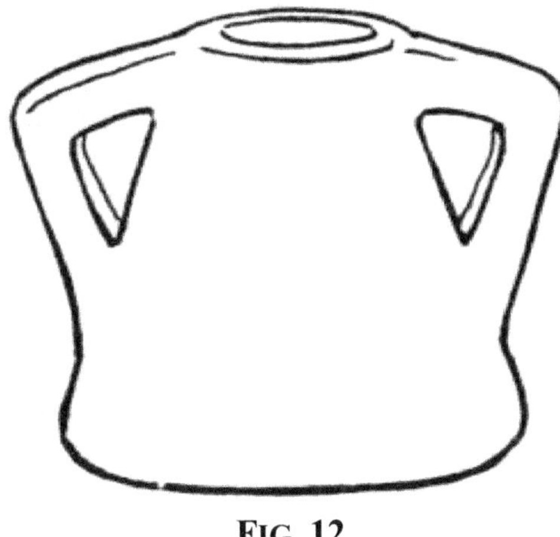

FIG. 12

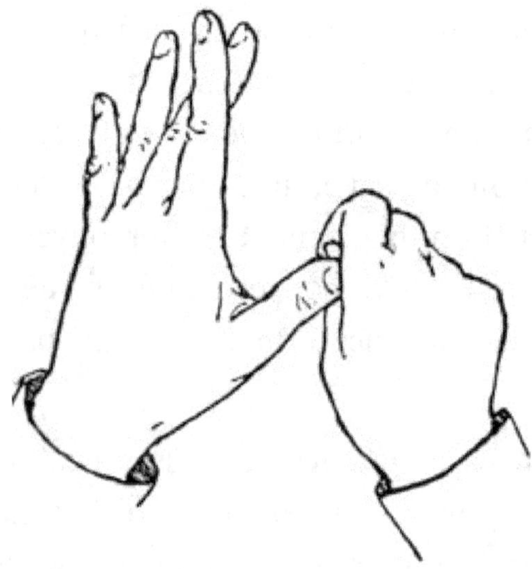

FIG. 13

Une forme aussi presque cylindrique que possible sera la plus simple pour commencer. Supposons que l'on souhaite fabriquer un pot de la forme représentée sur la figure 12. L'étape suivante consiste à faire les parois d'épaisseur égale, en creusant davantage le fond. Pour ce faire, les coudes sont appuyés contre les côtés et les doigts placés dans la position représentée sur la figure 13. C'est l'une des façons dont les mains sont amenées à se soutenir et à travailler à l'unisson. Les différents placements des mains, pour obtenir divers résultats, sont connus sous le nom de poignées de potier. Dans celle-ci, la main droite, qui reste à l'extérieur de la pièce (couchée contre elle), soutient la gauche par le pouce qui repose contre elle, l'index de la main droite ayant été préalablement enroulé autour de son pouce (voir Fig.13). Le majeur de la main gauche repose contre la paroi de la pièce à l'intérieur. La pièce est ainsi soutenue à l'extérieur et à l'intérieur par une main.

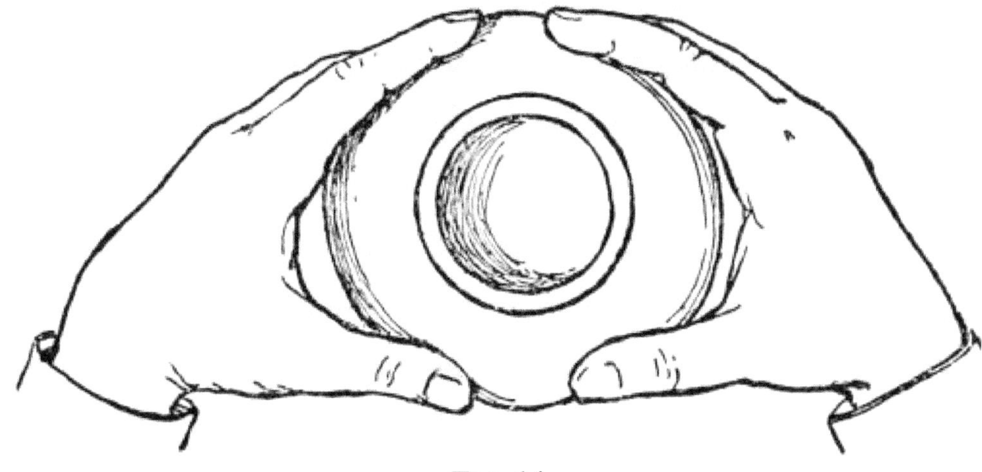

FIG. 14

En partant du bas, lorsque la roue tourne, les mains, maintenues stables et fermes, se lèvent lentement à chaque tour de roue. La droite appuie plus que la gauche, creusant le fond et les parois de la pièce. Lentement, lentement, les mains se lèvent, jusqu'à ce que le sommet soit atteint. Si la forme n'est pas tout à fait vraie, les mains commencent dans la même position en bas et remontent à nouveau, en appuyant plus fort quand une pression est nécessaire, et en allant légèrement là où il n'est pas nécessaire de modifier la forme. Une autre position des mains (voir Fig. 14) peut être utilisée pour presser l'argile dans une forme plus étroite. Cependant, cela doit être fait avec beaucoup de délibération et de soin, car une pression excessive peut créer un pli dans le mur d'argile qui va gâcher la pièce. Lorsque les murs sont de même épaisseur (pas plus d'un quart de pouce) et la forme à ce que l'on souhaite, le dessus doit être fini.

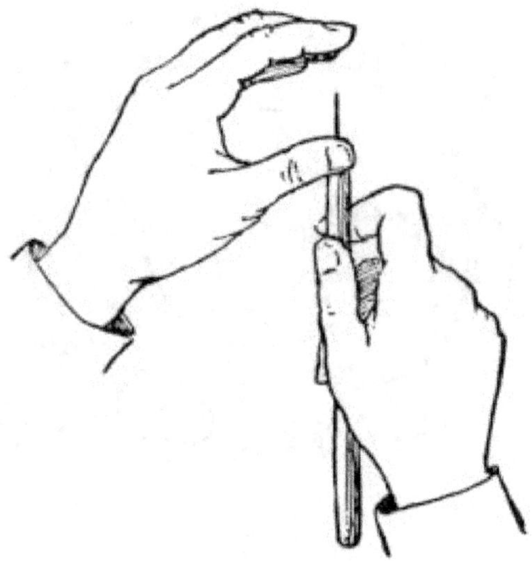

FIG. 15

Tout d'abord, le bord est coupé de manière uniforme. Nous utiliserons pour cela l'outil illustré à la Fig.8.

En tenant fermement l'outil, qui a été mouillé de glissement, dans la main droite, attachez la gauche en posant le pouce près de l'endroit où l'acier est inséré dans le bois (voir Fig. 15). Au fur et à mesure que la roue tourne, posez l'index gauche, mouillé de glissement, juste à l'intérieur du haut de la pièce, et directement à l'opposé (au point où l'on souhaite couper le haut) faites passer la pointe de l'outil jusqu'à ce qu'elle touche le doigt , et maintenez-le stable et ferme jusqu'à ce qu'une révolution de la roue ait été faite. La roue est alors arrêtée et le bord coupé est soulevé adroitement et rapidement.

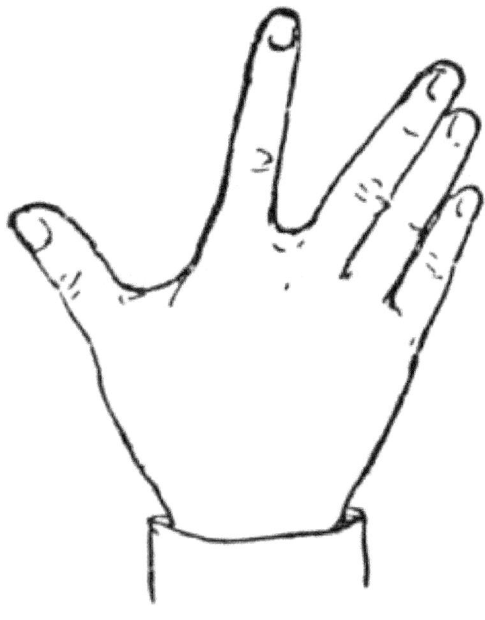

FIG. 16

Pour adoucir le bord, écartez l'index et le majeur de la main droite (voir Fig. 16). Mouillez soigneusement leurs surfaces intérieures avec glissement, puis, lorsque la roue tourne, tenez-les droites et fermes (tandis que la main gauche stabilise le poignet de la droite) et appuyez doucement mais fermement sur la jonction arrondie des deux doigts pièce, en la maintenant fermement jusqu'à ce qu'une ou deux révolutions entières de la roue aient été faites. Si l'on souhaite avoir un dessus plus évasé, posez l'index de la main droite à l'intérieur du carre avec une pression toujours aussi légère vers l'extérieur, pendant que la roue tourne une fois. Avant de parfaire le fond, il peut être tout aussi bien de laisser la pièce se raidir pendant une demi-heure.

L'outil en forme de houe est utilisé pour couper l'argile supplémentaire sous le fond. Mettez la roue en mouvement, puis prenez l'outil, bien imbibé de glissement, dans la main gauche. Tenez-le fermement avec son bord long sur le dessus de la roue (s'il doit s'agir d'une pente longue et progressive vers le bas du bocal), tandis que la main droite stabilise l'angle extérieur supérieur de l'outil. Il est ensuite coulé sous le fond et maintenu jusqu'à ce qu'une ou plusieurs révolutions aient coupé le surplus d'argile.

Si l'on souhaite faire une ligne plus abrupte depuis le bas, le processus est inversé, la droite la main tient l'outil, dont le côté court est posé sur la roue, tandis que la main gauche tient l'angle supérieur extérieur, pour le stabiliser.

Après une heure ou deux, lorsque la pièce s'est quelque peu raidie, elle peut être lissée et la forme affinée ou améliorée, si nécessaire, avec l'outil ovale à bords lisses en tôle d'acier. Lorsque la roue est en mouvement, cet outil, humidifié avec de l'eau et plié pour épouser les courbes de la pièce, se tient dans la main droite à angle droit avec la pièce, tandis que la main gauche soutient le poignet de la droite. Les angles trop brusques peuvent être adoucis et la rugosité éliminée avec cet outil. Commencez par le bas avec elle, et déplacez-la progressivement vers le haut, à chaque tour de roue, légèrement, sauf là où la forme a besoin de beaucoup de rognage. Le polisseur en caoutchouc, mouillé d'eau, est maintenant passé sur la surface de la même manière, en veillant à ce qu'il soit maintenu à angle droit avec la pièce et la main qui la tient est soutenue par l'autre.

Le lendemain, ou dès que la pièce est raide, elle est enlevée sur un carreau de plâtre. En finissant le fond, la roue est d'abord grattée et essuyée de toute argile; la pièce est ensuite placée de bas en haut et centrée. Cela se fait en le plaçant aussi près du milieu que possible à l'œil nu; puis lorsque la roue va bien, tenez l'index droit ou un outil en bois, bien entretenu, près de la pièce. Voyez s'il touche à n'importe quel point, et si c'est le cas, déplacez ce côté plus près du centre. Rouler quatre petits morceaux d'argile assez raide. Avec deux de ces éléments, créez des supports sur la roue d'environ un pouce de haut, près de la pièce de chaque côté pour la maintenir stable - pas assez près pour s'y accrocher. Deux autres supports sont placés à mi-chemin entre les deux premiers.

Faites bien tourner la roue, et en tenant l'outil en forme de houe de sorte que son angle médian frappe le bas de la pièce à environ un demi-pouce du bord, visez-la vraiment et maintenez-la fermement jusqu'à ce que la roue ait fait une ou plusieurs révolutions, qui marquera un cercle. Dans cette ligne, abaissez légèrement le fond en découpant une fine couche d'argile. Cela se fait avec l'outil en tôle d'acier rectangulaire tenu d'abord près de la ligne, puis avec chaque révolution plus près du centre jusqu'à ce qu'il l'atteigne. Le potier coupe ensuite sa marque sur le fond avec un outil en bois, si la pièce n'est pas très sèche, sinon elle doit être faite avec un outil en acier pointu, en prenant soin de biseauter les bords des lignes incisées.

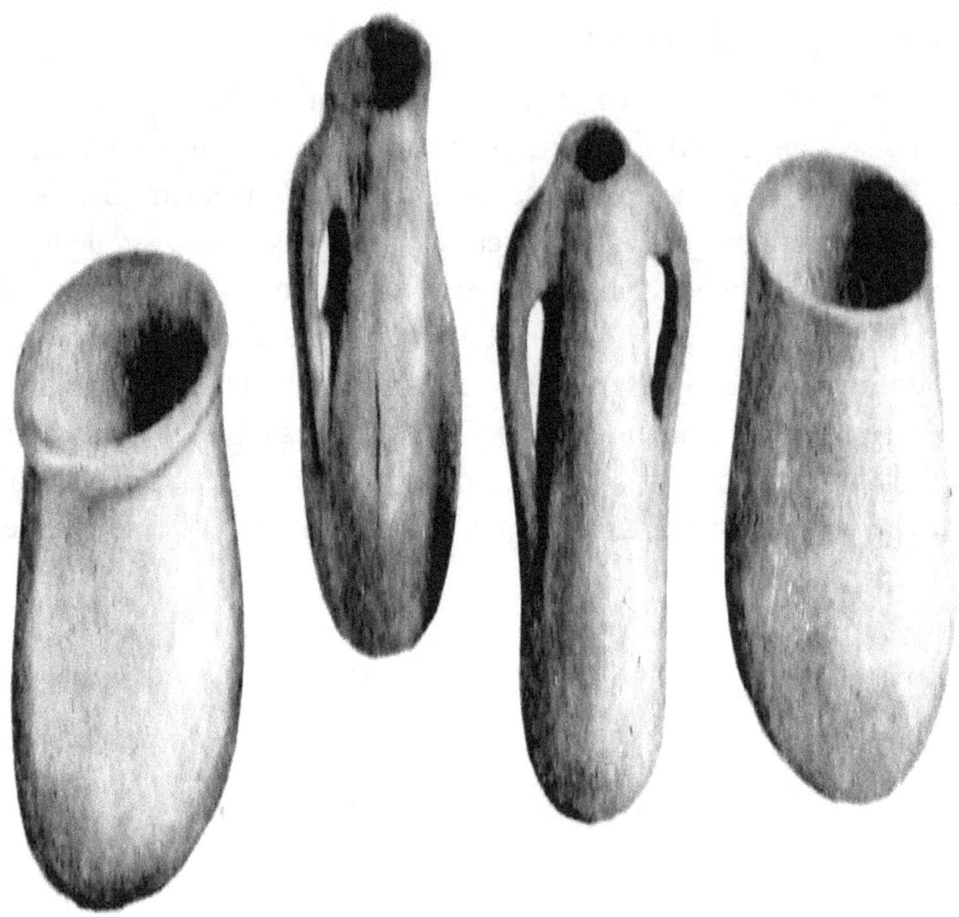

TRAVAILLER SUR LA ROUE

À gauche, un bol vert pâle pour les fleurs; à côté, un pot à crème avec un glacis mat gris-vert. Le pot de fleurs avec deux poignées est également gris-vert, et le bol de capucine sur la droite a un émail mat bleu terne.

MÉTHODES DE DÉCORATION

Le grand bol de fruits sur la gauche a un dessin incisé de feuilles d'oranger près du bord. À côté se trouve un plat bas pour les bonbons, avec une décoration composée d'anneaux. Un dessin de feuilles d'érable est incisé sur l'autre petit plat, et le bol de la lampe à droite de l'assiette a un décor percé.

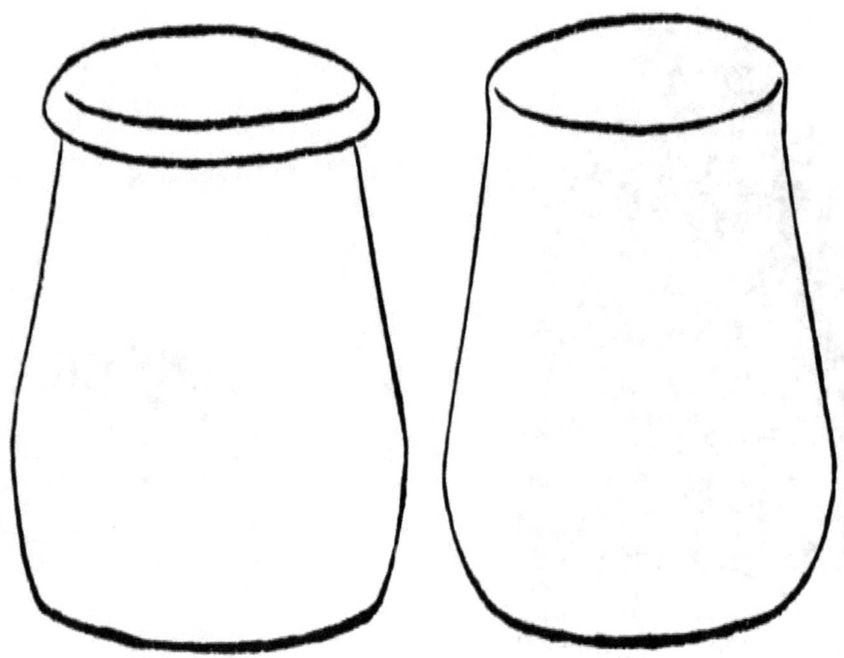

FIG. 17 FIG. 18

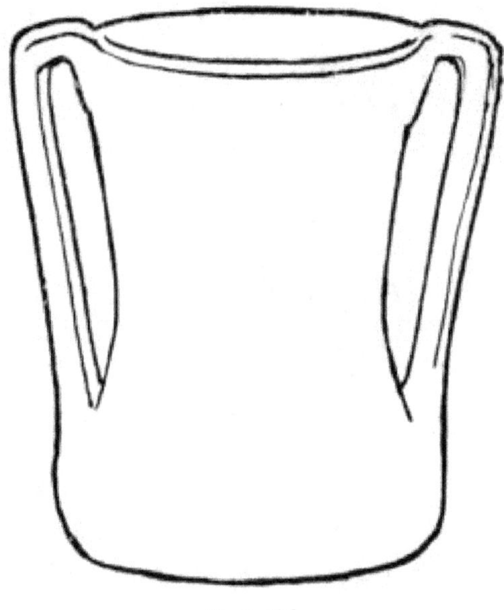

FIG. 19

Le pot est fini avec une poignée de chaque côté. Étalez deux bandes d'argile de cinq pouces et demi de long; aplatissez-les et coupez les bords. Maintenant, marquez une place de chaque côté du haut du pot, de sorte qu'une ligne tracée de l'un à l'autre divise exactement le haut. Faites deux autres marques de la même manière en bas, directement sous celles du haut. Ce sont des guides pour attacher les poignées. En commençant par le haut, en dessous de l'une des marques, des lignes entrecroisées avec l'outil en acier sur un pouce sur le côté du pot. Faites cela de l'autre côté du pot, puis, en commençant à un pouce au-dessus de la marque de chaque côté du fond, coupez des lignes entrecroisées pour un pouce sur le côté du pot. Maintenant, prenez l'une des bandes d'argile, brossez les lignes croisées supérieures d'un côté du pot avec du glissement et appuyez sur l'extrémité de la bande dessus, en travaillant les bords près du côté du pot avec le plat de l'ongle . L'autre extrémité de la bande est coupée en une longue pointe pour épouser la forme du pot, et pliée dans la forme représentée sur la plaque. Mouiller les lignes entrecroisées en dessous avec un slip et attacher cette extrémité de la même manière que la première. L'autre poignée est mise en place de la même manière.

Un émail mat de vert gris (voir chapitre V.) complètera la pièce.

Des formes telles que montrées sur les Fig. 17 et 18 peuvent être préparés sans aucune difficulté, et ils seront plus attrayants pour les fleurs à tige courte - violettes, pois de senteur ou capucines. Un pot à crème (voir plaque) est relativement simple. La lèvre est formée avec une touche habile du doigt après le moulage de la pièce, et la poignée est ajoutée par la suite. Un émail mat vert terne donnera une finition charmante à cette pièce. Le pot représenté sur la figure 19 est plus difficile à façonner, mais il est excellent pour les fleurs.

CHAPITRE IV : MÉTHODES DE DÉCORATION

Plus les designs de poterie sont simples et solides, mieux c'est. Ceux qui sont complexes, aussi beaux soient-ils, ne sont pas à leur place sur les grandes formes substantielles; tandis que de délicats tracés se perdent sous l'émail. Ici, comme dans la vannerie, nous pouvons beaucoup apprendre du travail des peuples primitifs.

Dans l'application de tels dessins, des méthodes simples sont également les meilleures: inciser, construire le contour de sorte que le dessin soit surélevé au-dessus de l'arrière-plan, découper l'arrière-plan pour laisser le dessin en bas relief et percer. Ce sont de bons processus, faciles à apprendre et efficaces.

Pour commencer, supposons que nous décorions une pièce faite à la roue - un plat bas pour les bonbons, avec un motif composé d'anneaux.

Plat à bonbons avec anneau

Matériel requis :

Un plat ou un bol à roulettes,

Peinture aquarelle bleu outremer,

Un petit pinceau aquarelle à pointe fine,

Une soucoupe d'argile moulue, cuite, mélangée à de l'eau,

Un pichet d'eau.

Le bol bas représenté dans la plaque n'est pas difficile à mouler sur la roue. Une fois qu'il aura séché les os - comme dans trois ou quatre jours - vous pourrez le décorer en toute sécurité de cette manière. Attention, en manipulant la pièce, à ne pas la saisir par le bord, qui, dans toute poterie crue, mais surtout dans celle qui est sèche, est la partie la plus fragile. Il doit être tenu dans le creux de la main gauche, tandis que la droite fait le travail. Préparez de la peinture à l'eau bleu outremer mélangée à de l'eau dans une tasse, un petit pinceau effilé à une pointe fine et une soucoupe dans laquelle se trouve de l'argile cuite au four ou à biscuit, de couleur jaune pâle, moulue finement et mélangée à de l'eau à la consistance d'une crème épaisse. Une cruche d'eau à proximité est également nécessaire pour fluidifier le mélange d'argile lorsqu'il se raidit.

Le design choisi est un grand et deux petits anneaux, alternant autour du bol près du dessus (voir Fig. 20). Mesurez d'abord la circonférence du haut du bol. Divisez-le en cinquièmes et marquez les divisions avec le pinceau et la peinture bleue. À partir d'un quart de pouce en dessous de l'un de ces marques, dessinez un petit anneau, d'environ un demi-pouce de diamètre, avec la peinture bleue. Si vous faites une erreur, la peinture s'effacera facilement une fois sèche.

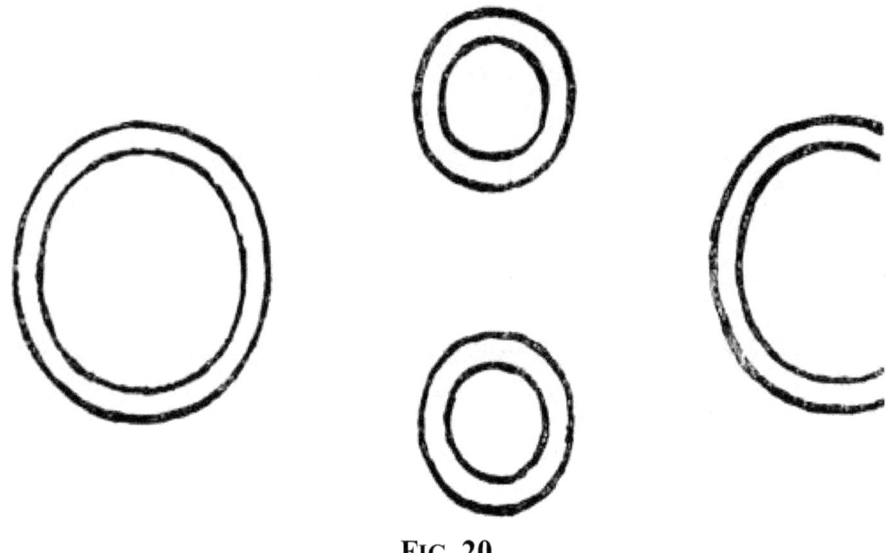

FIG. 20

Un demi-pouce sous le premier anneau, un autre est dessiné. Un de ces groupes de deux petits anneaux est fait sous chacune des cinq marques autour du haut du bol. Ensuite, en commençant un demi-pouce sous le haut du bol et à mi-chemin entre deux groupes, dessinez un anneau plus grand d'environ un pouce de diamètre. L'un de ces anneaux est délimité de la même manière dans chacun des cinq espaces. Lorsque le design est perfectionné et que la peinture est sèche, diluez un peu d'argile cuite dans la soucoupe jusqu'à la consistance d'une crème fine, et avec elle et le pinceau, soigneusement nettoyée du bleu peindre, tracer les contours de la décoration. Utilisez un pinceau plein et rendez les lignes aussi uniformes que possible en largeur et en épaisseur. Il devrait y avoir quatre couches ou plus de ce matériau afin de construire suffisamment le dessin, mais seule la première est mince. C'est pour qu'il adhère à l'argile en dessous. Les couches suivantes et suivantes sont faites avec une consistance plus épaisse du mélange crémeux, qui doit cependant être suffisamment mince pour s'écouler librement du pinceau. N'ajoutez pas de couche tant que celle du dessous n'est pas complètement sèche.

La pièce est maintenant prête pour le vitrage.

Un vernis vert pâle peut être utilisé (voir chapitre V.).

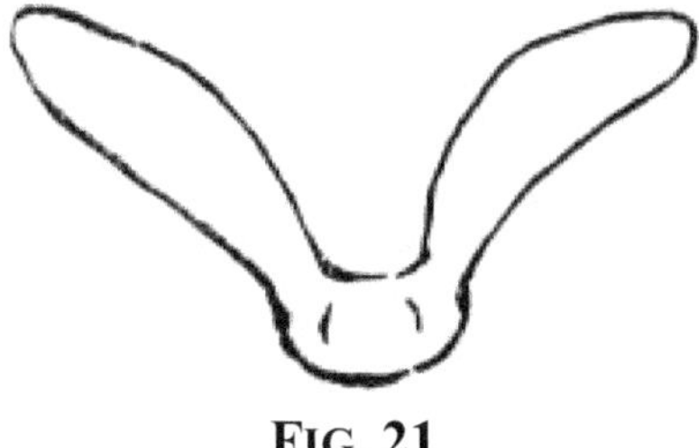

FIG. 21

L'incision est un processus absolument simple, qui donne un effet charmant. Des exemples de cette méthode de décoration sont montrés dans le bol de fruits avec une guirlande de feuilles d'oranger juste en dessous du bord à l'intérieur (voir plaque et Fig.25), et le plus petit bol avec un motif de graines d'érable (voir plaque et Fig 21). L'incision aide également le dessin percé du bol de roses décrit au chapitre VII.

Pour décorer un petit bol avec un motif incisé de graines d'érable

Matériel requis :

Un petit bol en roue,

Un outil en acier pointu,

Un outil en buis pointu,

Un outil en buis à pointe courbe.

Le bol, bas, est fabriqué sur la roue selon les instructions du chapitre III. Après avoir séché pendant une journée, il peut être décoré d'un motif incisé.

Supposons que nous choisissions pour cela une graine d'érable ailée, dont chacun peut dessiner les contours simples. De la pointe à la pointe des ailes doit mesurer au moins un pouce et trois quarts. Si le bol est petit, pas plus de quatre pouces et demi de diamètre au sommet, six graines doivent être faites à des distances égales autour de lui. Mesurez d'abord la circonférence du haut du bol. Divisez-le en sixièmes et avec un crayon, marquez autant de divisions sur le bord du bol.

Le dessin, qui est dessiné de manière à ce que la portion de graine soit vers le bas et les petites ailes tournent vers le haut, est d'abord décrit au crayon près du haut du bol. Commencez par dessiner la partie graine, qui devrait être d'environ un pouce sous une marque de crayon sur le bord. Avec une pointe de buis, approfondissez la ligne, puis faites l'incision encore plus profonde, à l'aide de l'outil en bois à pointe courbe. Veillez à ne pas faire une double ligne en approfondissant le premier contour; il doit s'agir d'une ligne nette et ferme, avec un bord biseauté. Évitez de couper sous le bord, car la glaçure ne coulera pas facilement dessus.

Si la pièce est trop sèche pour permettre une incision avec un outil en bois, utilisez d'abord un outil pointu en acier et terminez par un outil en bois. Certaines parties du dessin doivent être accentuées en approfondissant la ligne - par exemple, la partie de graine arrondie, en particulier là où elle rejoint les ailes.

Ce bol peut être fini avec un vernis mat vert pâle (voir chapitre V.) ou avec un brun tendre.

Un décor laissé en bas relief en découpant l'arrière-plan est admirable pour certaines pièces. Le dessin du papillon de nuit sur le bol de roses au chapitre VI. est fait de cette manière. Le dessin est d'abord dessiné sur la pièce au crayon. Ensuite, il est délimité avec des traits fermes et sûrs, à l'aide d'un outil en acier pointu et en prenant grand soin de ne pas couper sous le bord du contour, mais de le biseauter, comme dans d'autres processus. Reprenez tout le contour du dessin avec une pointe en buis, rendant les lignes plus profondes. Commencez ensuite près du bord du contour avec l'outil en acier, qui a un point plat, et grattez-le en coupant aussi profondément comme le contour, proche du dessin, et en pente progressivement jusqu'à rien à environ un demi-pouce de celui-ci. Certaines parties du dessin peuvent être accentuées en coupant le contour un peu plus profondément à ces points. Assurez-vous de couper suffisamment d'argile autour du motif pour le laisser en relief prononcé, car la glaçure adoucit les bords et les rend trop indéfinis s'ils ne sont pas fermes et clairs au début.

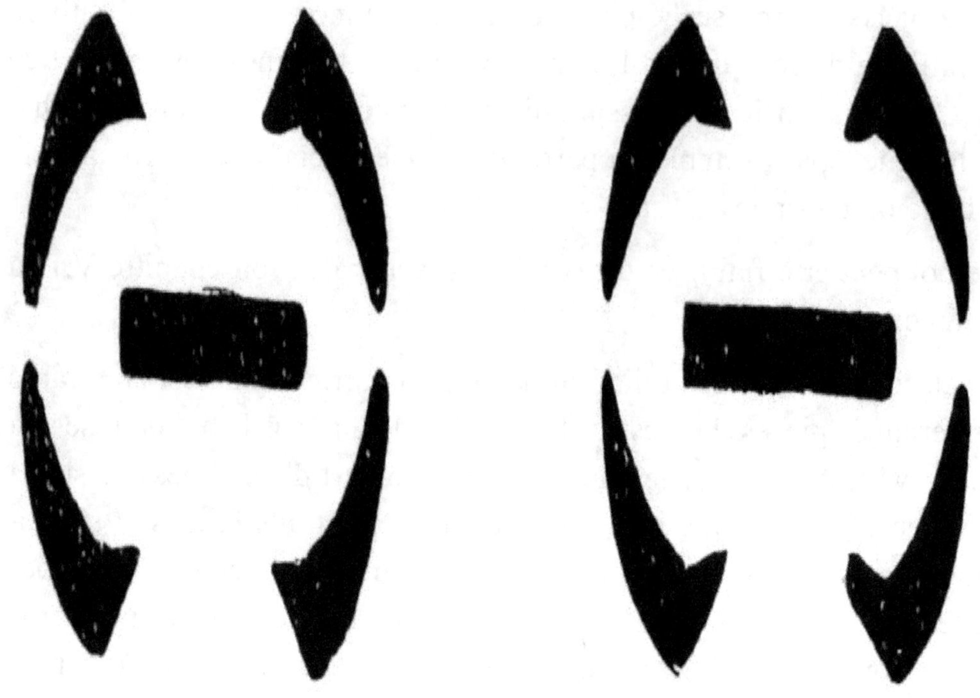

FIG. 22

Les décorations percées sont particulièrement bonnes sur la poterie. Des conceptions aussi simples que celles des Fig. 22, 23 et 24 seront jugés les plus satisfaisants.

FIG. 23

Lors de la planification d'une décoration percée pour le dessus d'une pièce, veillez à ne pas la commencer trop près du bord;50 trois quarts de pouce ou plus doivent être laissés entre le bord et la décoration, sinon le piercing affaiblira la pièce.

Décrivez d'abord le dessin au crayon, puis avec des traits fermes et clairs, suivez la ligne avec l'outil en acier pointu. La ligne est tracée une seconde fois encore plus profondément. Toute l'argile dans les contours est découpée aussi loin que l'incision a été faite, puis la pointe acérée de l'outil est passée à travers le mur près de la ligne. Pendant que l'argile est coupée avec la main droite, la gauche soutient la paroi intérieure de la pièce.

FIG. 24

Lorsque tout le motif a été percé, humidifiez le doigt avec de l'eau et adoucissez les bords de la décoration, afin que la glaçure puisse couler librement dessus. Les décorations en haut relief sont réalisées comme suit: De petits morceaux d'argile, aussi près que possible de la consistance de la pièce de poterie, sont appliqués sur les parties qui doivent être décorées, et qui ont été préalablement sillonnées avec un outil en acier et mouillées de barbotine. Le dessin est ensuite moulé avec les mains et les outils de modelage en bois, en travaillant les bords près de la surface de la pièce.

CHAPITRE V : L'ÉMAIL ET COMMENT L'APPLIQUER

L'argile simplement cuite, sans revêtement glacé, ne retiendra pas parfaitement l'eau.

On peut imaginer quel coup dur cela a dû être au premier potier quand il a constaté que c'était le cas. Certains disent qu'il a d'abord utilisé de la cire pour fermer les pores de sa poterie, et plus tard - peut-être par la surchauffe d'un four - de la poterie émaillée a été découverte. La poterie molle développera une surface semi-vitrée en cas de surchauffe, et il est probable qu'un tel accident ait suggéré l'utilisation de l'émail.

La première glaçure était sans aucun doute un pur silicate de soude. L'oxyde de plomb ajouté à cela le rendait plus fusible, mais il n'était pas aussi dur ou durable.

Ce qu'on appelle le biscuit est de l'argile cuite poreuse et sans brillance - par exemple, un pot de fleur.

La poterie brillante a une très fine couche de glaçure dessus. La vaisselle Samian des Grecs fournit exemples de cette finition. La poterie émaillée est recouverte d'une couche de verre perceptible.

La vaisselle émaillée, ou poterie avec une glaçure mate, a un revêtement émaillé rendu opaque avec de l'oxyde d'étain. Cette finition est utilisée sur certaines des plus belles poteries d'art. Les glaçures peuvent être colorées avec certains oxydes métalliques sans perdre leur transparence.

On est souvent confus en entendant les termes émail et glaçure utilisés négligemment. L'émail doit être utilisé pour décrire un revêtement vitreux qui est opaque et glacer une surface brillante et transparente - les deux peuvent être colorés. Le terme mat-glaze est une exception à cette règle. Cela signifie une glaçure opaque avec une finition brillante.

Les matériaux dont sont composés les glaçures sont à peu près les mêmes que ceux qui entrent dans la composition des argiles avec quelques ajouts. Il y a dans les glaçures, comme dans les argiles, le jeu des matériaux tendres et durs, ou le flux et la fritte. Le silex, l'aluminium ou l'argile de porcelaine forment la fritte ou la partie réfractaire dure; la potasse, la soude, le plomb ou le borax la partie fondante ou le fondant. L'ajout d'argiles donne une durabilité.

Lors de la préparation du flux, il est fondu comme du verre puis broyé en poudre. La fritte doit d'abord être fondu, puis tombé du creuset dans l'eau avant de pouvoir être réduit en poudre.

La fabrication des émaux n'est pas souvent faite par des amateurs, et à moins que l'on envisage de se lancer dans la fabrication de poterie en tant qu'entreprise, et que l'on nécessite de grandes quantités d'émaux, il est préférable de les acheter auprès d'un revendeur fiable. Ils se présentent sous forme de poudre - glaçure douce, glaçure dure et stannifère, qui est une glaçure dure avec un peu d'oxyde d'étain ajouté, pour la rendre opaque. Les émaux doux sont utilisés sur des articles qui cuisent à basse température et ne sont donc pas durables. Une grande proportion de glaçure dure doit être ajoutée pour rendre la préparation applicable à une poterie qui est cuite à une chaleur intense, tandis que si l'on souhaite une glaçure matte, la stannifère est également utilisée.

Les matières colorantes peuvent être achetées chez le même revendeur. Ils sont les suivants: antimoine pour le jaune, cobalt pour le bleu, cuivre pour le vert, chrome pour le vert, manganèse pour le brun et fer pour le brun. L'oxyde de fer rouge colore un rouge violacé et le carbonate de cuivre donne un vert gris très beau. Un verre dépoli ou une dalle de pierre, sur laquelle mélanger l'émail, et un couteau à palette, seront nécessaires; aussi une petite quantité de gomme arabique et de gomme adragante, une petite tasse à thé et un verre doseur. Ceux-ci, avec deux ou trois pinceaux souples58 de différentes tailles - une qui mesure un pouce de large, une plus petite et une autre plus grande - suffira pour commencer.

La gomme arabique doit être dissoute dans l'eau jusqu'à la consistance du miel. Il est utilisé dans la première couche de glaçage pour lier le glaçage et l'empêcher de se détacher. Une bonne partie peut être préparée à la fois et conservée dans un bocal en verre couvert jusqu'à ce que vous en ayez besoin. La gomme adragante est achetée en petites quantités - pour cinq cents à la fois. Couvrez cette quantité avec une pinte d'eau et laissez reposer toute la nuit. Le matin, passez-le au tamis fin et rangez-le dans un bocal en verre jusqu'à ce que vous en ayez besoin.

Si possible, de très gros morceaux de poterie doivent être cuits avant d'être glacés - dans le biscuit, comme on l'appelle. Les pièces de petite et moyenne taille peuvent être glacées sur l'argile verte - le terme par lequel l'argile non cuite est connue des potiers. La pièce doit avoir séché complètement pendant plusieurs jours, jusqu'à ce qu'elle soit de couleur gris clair et ce que l'on appelle un os sec. Il est décoré, si la décoration est souhaitée, puis vitré. Tous les récipients utilisés pour contenir ou mesurer l'émail doivent d'abord être plongés dans l'eau pour empêcher les déchets de l'émail de s'y accrocher. Les mains doivent être soigneusement lavées après avoir travaillé avec des émaux, car certains des matériaux utilisés sont toxiques.

Pour l'intérieur de la plupart des pièces, un vernis transparent est utilisé, que le vernis extérieur soit transparent ou opaque.

Tous les brins de glaçage transparent, quelle que soit la couleur, qui restent après chaque vitrage, sont versés dans un grand bol ou un autre récipient qui est conservé à cet effet. Le mélange de toutes les couleurs dans cette combinaison de glaçures donne une teinte neutre qui s'harmonise le plus agréablement avec la glaçure extérieure, quelle que soit sa couleur.

Il est appliqué comme suit:

Pour glacer l'intérieur d'un morceau de poterie

Prenez une petite tasse de glaçage transparent, et, en tenant le morceau de poterie sur le grand récipient contenant le liquide, versez-y la tasse de glaçage, en la roulant autour de l'intérieur de la pièce rapidement mais avec précaution, de manière à ce qu'elle recouvre le toute la surface intérieure. Ensuite, tournez la pièce adroitement et soudainement de bas en haut, de manière à la vider dans le grand récipient sans laisser aucune goutte s'égoutter sur l'extérieur de la pièce. Si cela se produit, par accident, frottez-le rapidement avec les doigts.

La glaçure extérieure et comment l'appliquer

La finition la plus satisfaisante pour l'extérieur de la poterie fine est une glaçure mate ou opaque dans n'importe quelle teinte douce et terne de vert, brun, bleu, jaune ou rouge pouvant être obtenue avec de l'oxyde de fer rouge. Pour une poterie d'art, composée de feu et d'argile bleue, qui nécessite une forte chaleur, la glaçure suivante est applicable:

Glaçage mat gris-vert

Mélanger

1 cuillère à soupe de glaçage doux,

½ cuillère à soupe de stannifère, et

½ cuillère à soupe d'argile de Chine,

ensemble sur une pierre ou une dalle de verre avec un couteau à palette, en ajoutant ¼ cuillère à café de gomme arabique et suffisamment d'eau pour rendre la consistance un peu plus épaisse que la crème épaisse. Environ ¼ cuillerée à café de carbonate de cuivre ajouté à ce mélange (et broyé à fond dedans avec le couteau à palette) donnera un gris-vert clair. Pour des nuances plus profondes, augmentez légèrement la quantité. La teinte paraît beaucoup plus claire qu'elle ne le sera lors du tir; en effet, dans la coloration des glacis, comme dans la peinture sur porcelaine, l'ouvrier a besoin de beaucoup de foi, car tant que la magie du four ne fait pas ressortir les couleurs, on ne devinerait jamais ce qu'elles devaient être.

En appliquant l'émail, placez votre pièce en bas sur une table ou sur une autre surface plane. Trempez un pinceau doux et plat dans le bol de glaçure, et en commençant par le bas, peignez-le par petits coups dans toutes les directions - ce qu'un artiste appellerait des hachures croisées - et en se chevauchant légèrement comme les bardeaux d'une maison. Le fond ne reçoit qu'une couche de glaçage, car il est susceptible de coller à la cuisson et d'être irrégulier s'il en a plus d'une. Commencez ensuite par les côtés, près du bas (lorsque la pièce est à l'envers), et peignez sur un pouce ou deux tout autour. La pièce est ensuite posée à l'endroit, à condition, bien sûr, que le fond soit sec, ce qu'il sera sans aucun doute, et le reste est vitré. De temps en temps, remuez le glaçage par le bas, afin qu'il soit bien mélangé.

Le bord en particulier doit être soigneusement recouvert, et la glaçure extérieure peut même être ramenée un peu à l'intérieur de la pièce. Avant d'appliquer les deuxième et troisième couches (car la pièce en reçoit trois), deux cuillerées à café de gomme adragante, bien mélangées selon les directions, sont ajoutées à la glaçure. Lors de la pose de la deuxième couche, la pièce est à nouveau placée à l'envers sur la table, et en commençant là où les côtés rejoignent le fond, le vernis est appliqué comme auparavant. Seuls les côtés et le bord supérieur sont vitrés cette fois. La troisième couche, qui est appliquée lorsque la deuxième est sec, est commencé au bord supérieur, en le couvrant bien, et se termine progressivement et de manière inégale à mi-chemin sur les côtés.

Glaçage mat vert pâle

Pour faire une teinte plus claire de vert, avec juste un soupçon de jaune pour l'adoucir, ajoutez à la moitié de la quantité de la glaçure d'abord mélangée autant à nouveau de la glaçure incolore et une légère pincée de jaune.

On verra à partir de ces directions à quel point la coloration des glacis est comme le mélange de pigments pour une image. C'est un délicieux terrain d'expérimentation, et l'élément de hasard est fourni par le four, qui fait souvent des choses inattendues et intéressantes aux couleurs et aux glacis - laissant ici, une touche de brun sur le bord pour soulager une étendue de vert; là, une teinte métallique presque comme un lustre; et encore une fois le biscuit apparaît à travers la glaçure, donnant un ton plus chaud au bord d'une décoration.

En mélangeant le glaçage pour un morceau qui a été cuit dans le biscuit, rendez-le un peu plus épais que celui utilisé sur l'argile verte - à peu près de la consistance de la crème fouettée. Il est également appliqué un peu différemment. Un potier vous dirait de «chiffonner» - c'est-à-dire de le mettre avec des coups fermes et courts, en utilisant les extrémités des poils de la brosse au lieu de la partie plate. Laissez chaque couche bien sécher avant d'appliquer la suivante. Trois ou quatre couches seront nécessaires, sauf pour le bas, qui n'en reçoit qu'une. Après la première couche, de la gomme adragante est ajoutée, comme dans le glaçage sur argile verte. La quatrième couche n'a pas besoin de recouvrir entièrement la pièce, mais le dessus doit être soigneusement vitré. Si, pour une raison quelconque, la poterie doit être recuite, elle doit être reglacée, mais deux couches seulement seront nécessaires, et la glaçure n'a pas besoin d'être aussi lourde que celle utilisée sur le biscuit. Ne vous découragez pas si vos pièces nécessitent une deuxième ou même une troisième cuisson, car souvent les plus beaux résultats sont obtenus par une nouvelle cuisson. La qualité - cette combinaison de richesse et de profondeur de couleur et de texture - vient rarement avec la première cuisson.

CHAPITRE VI : POTERIE POUR LA BEAUTÉ ET L'UTILISATION

Quand on pense aux possibilités illimitées de la poterie dans la décoration domestique - les grands plats pour fleurs et fruits, les bols à lampes, les chandeliers et les carreaux - on peut faire, on a hâte de commencer. C'est maintenant l'occasion de développer une idée très appréciée pour un bol d'allumettes ou un pot de plantes à accrocher contre le mur ou le cadre de la fenêtre. Maintenant, on peut montrer la supériorité de ses conceptions sur les choses stupides dans les magasins! Dépêchons-nous de sortir l'argile et de commencer.

Bol de fruits vert foncé

Matériel requis :

Environ 4 livres et demi d'argile,

Un moule en plâtre pour un bol de 10 ou 11 pouces de diamètre en haut,

Les outils ovales en tôle d'acier,

Les outils de modelage en bois,

L'outil en acier pointu,

Un sac de silex,

Un rouleau à pâtisserie,

Un bol de barbotine,

Une petite éponge.

Prenez un bon morceau d'argile, environ quatre livres et demi, bien travaillé et exempt de bulles d'air. Battez un morceau avec le plat de la main sur une table jusqu'à ce qu'il soit d'environ trois quarts de pouce d'épaisseur et plus que suffisamment grand pour couvrir le fond du moule en plâtre que vous avez choisi. Il doit être d'épaisseur uniforme et peut être roulé avec un rouleau à pâtisserie pour le rendre lisse. Assurez-vous que le moule en plâtre est propre et exempt de bouts d'argile. Ensuite, saupoudrez-le de silex en poudre attaché dans un chiffon de coton. Maintenant, placez soigneusement le morceau plat d'argile dans le fond du moule du bol, en le pressant fermement, mais légèrement, contre lui. Coupez le bord uniformément. Ensuite, une longue corde d'argile est roulée comme décrit au chapitre II. Il doit avoir un pouce de diamètre et suffisamment long pour faire le tour du bol juste au-dessus du fond. Pat le plat et même, et coupez une extrémité en une longue pointe. Après avoir coupé le bord de la pièce inférieure (pour assurer son maintien fermement à la bobine ci-dessus), brossez-la avec du glissement et posez la bobine le long, en la pressant fermement sur le bord de la pièce inférieure. Travailler les bords de cette pièce et de la bobine avec des coups fermes et courts de la partie plate du pouce ou de l'index. Là où la bobine rejoint l'autre extrémité, elle est coupée en un long point plat qui s'adaptera exactement au point du début, complétant la rangée.

OU UTILISATION ET BEAUTÉ SONT COMBINÉES

Pour la bobine suivante, aucune coupe transversale avec l'outil n'est nécessaire, mais sinon, le processus est le même pour joindre cette bobine et les bobines suivantes. Il faut prendre soin de presser fermement l'argile contre les parois du moule, ainsi que sur la bobine ci-dessous. Lorsque l'intérieur du moule est recouvert, si un bol plus profond est souhaité, ajoutez une ou deux bobines supplémentaires au-dessus du bord en prenant soin de les incliner de manière à continuer les lignes du bol. Il est ensuite réglé pour durcir. Le lendemain, l'argile aura séché et rétréci suffisamment pour se détacher facilement du plâtre. Le bol est ensuite placé de bas en haut sur une table ou une dalle plate, et les creux laissés entre les bobines à l'extérieur sont humides de glissement et remplis uniformément, avec de l'argile de la consistance de celle de la pièce. Cela prendra du temps et du soin. Le bol est ensuite laissé sécher pendant une heure ou deux. Ensuite, il est soigneusement gratté et rendu égal; d'abord avec l'outil ovale en acier avec un bord de scie, maintenu à angle droit avec le bol et incurvé pour épouser la forme: c'est pour enlever les grosses bosses. Il est ensuite soigneusement égalisé avec l'outil ovale à bords lisses plié pour épouser les courbes du bol. L'intérieur est rendu lisse et uniforme de la même manière, en brossant les creux profonds avec du glissement et en les remplissant d'argile. Ce processus doit être soigneusement et consciencieusement fait, pour que les parois du bol, comme on les sent entre le doigt et le pouce, soient égales et exemptes de grumeaux. Ils ne doivent pas avoir plus d'un quart de pouce d'épaisseur.

Une éponge humide est ensuite passée sur le bol, et les doigts et le pouce lissent et polissent l'extérieur et l'intérieur. Le bord est coupé aussi uniformément que possible à l'œil avec un outil en acier, puis biseauté comme suit:

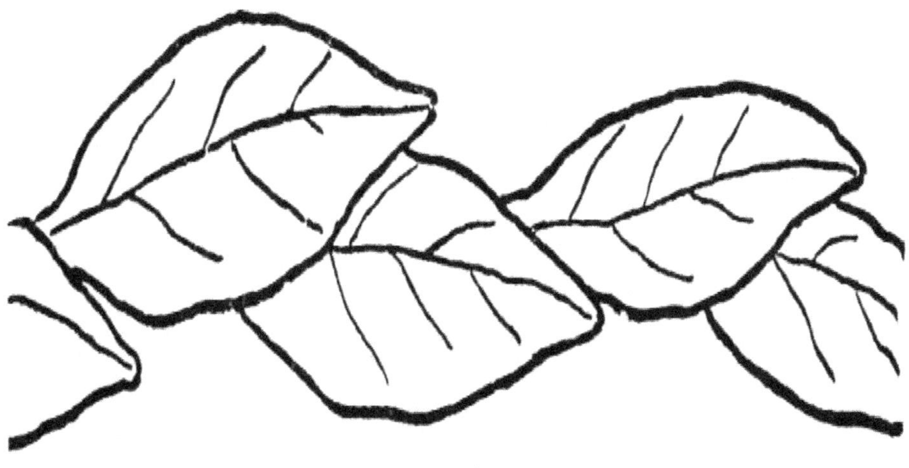

FIG. 25

Sur une grande dalle de verre dépoli, versez un peu d'eau, qui doit être étalée sur le verre jusqu'à ce qu'il soit complètement humide. Maintenant, en tenant le bol du bas vers le haut, fermement avec les deux mains, appuyez sur son bord rapidement et avec un mouvement circulaire à plat sur le verre. Cela doit être fait si rapidement et adroitement que cela ne collera pas, mais rendra le bord égal et vrai. Faites-le glisser sur le côté de la dalle au lieu de le soulever du centre. Le fond est fini comme décrit au chapitre II. Si cela est fait le matin, le bol sera prêt pour la décoration dans l'après-midi. Il s'agit d'une bande de feuilles orange (voir Fig.25), profondément incisé près du haut du bol à l'intérieur (voir chapitre IV.). Plus de caractère sera donné au dessin si la ligne est large et profonde, en particulier aux pointes des feuilles, qui sont ainsi mises en valeur. Cette pièce étant si grande, devrait, si possible, être cuite dans le biscuit, puis finie, à l'intérieur et à l'extérieur, avec un glacis mat vert foncé (voir le chapitre V.), et cuite à nouveau.

Bougeoir, conception de pouce

Matériel requis :

Environ 1¼ livres d'argile,

Les outils de modelage du buis,

L'outil en acier pointu,

Une plaque de plâtre,

Une petite éponge.

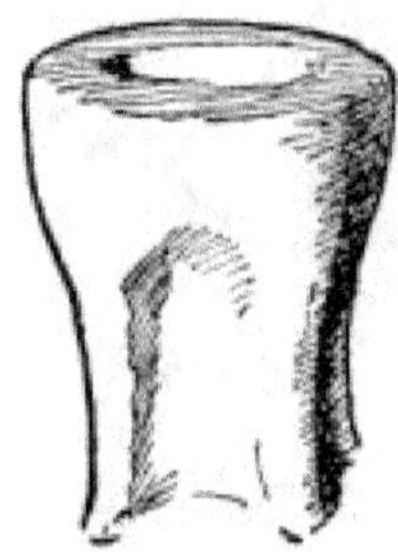

FIG. 26

Ce petit chandelier robuste montre qu'il est moulé à la main par les marques du pouce du potier sur la base, la poignée et la coupe de la bougie. La base carrée est moulée à partir d'un seul grand morceau d'argile. Ceci est tapoté à plat et même avec la partie épaisse de la main, puis coupé en carré et les côtés tournés sur environ un pouce, ce qui rend la base d'environ cinq pouces carrés et trois huitièmes de pouce d'épaisseur. Il est ensuite placé sur une dalle de plâtre et les coins sont pressés avec un pouce fermement tenu. Les côtés de la base carrée sont moulés en une courbe progressive vers l'intérieur et les coins sont légèrement enfoncés (voir assiette). Une coupe pour la bougie (voir Fig. 26) est faite en roulant un morceau d'argile en forme cylindrique, d'environ un pouce et trois quarts de diamètre et deux pouces et quart de long. En haut de ce rouleau, le doigt fait un creux pour la bougie. Il faut se rappeler que l'argile rétrécit à la fois lors du séchage et de la cuisson, ce trou doit donc être un peu grand et profond pour la bougie. Les côtés de la tasse, à environ un pouce du haut, sont carrés et enfoncés de sorte que les quatre coins se détachent comme des colonnes. Les côtés évidés entre les coins montrent la marque du pouce (voir Fig. 26). Le centre de la base est maintenant humide avec une barbotine épaisse et la coupe de la bougie est fermement pressée dessus, tandis que les bords sont moulés étroitement sur la base.

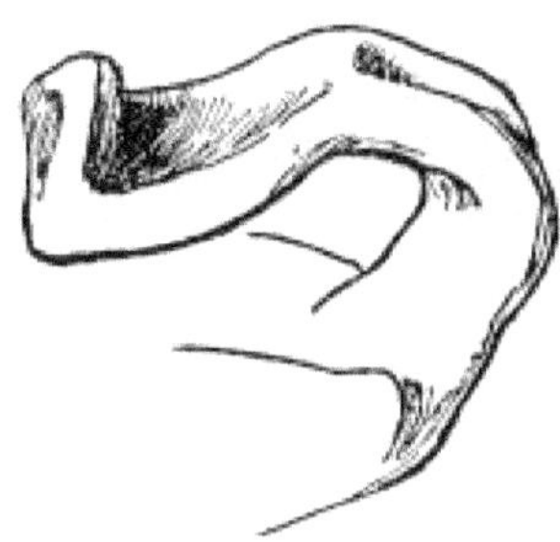

FIG. 27

Un morceau d'argile est ensuite roulé et aplati en une poignée d'un pouce de diamètre et de cinq pouces de long. Celui-ci est placé à un coin de la base et n'est attaché à aucun autre point. Avant de le mouler sur la base, touchez légèrement le coin avec un slip épais, pour assurer son maintien. Là où la poignée rejoint la base, elle est rendue épaisse et substantielle en ajoutant un peu d'argile supplémentaire. L'empreinte du pouce est faite à l'endroit où la poignée rejoint le coin, une autre est pressée sur le dessus, et une autre encore sur l'extrémité de la poignée (voir planche et fig. 27). Pour soutenir la poignée jusqu'à ce qu'elle sèche, faites rouler une boule de papier doux en dessous. Une fois que le bougeoir est resté quelques heures à l'extérieur ou à l'intérieur pendant la nuit, il est soigneusement coupé avec l'un des outils en bois ou le métal pointu, en prenant soin de laisser une épaisseur suffisante pour lui donner un caractère solide et substantiel. , mais pas assez pour le rendre maladroit. Il est ensuite frotté avec une éponge humide et poli avec le pouce et le doigt, ce qui lissera les grumeaux et donnera à la pièce un aspect moulé à la main. Devrait-il y avoir des creux très profonds pour le rendre inégal, ils doivent être légèrement mouillés avec de la barbotine et remplis d'argile aussi près que possible de la consistance de celle du chandelier. Lorsqu'il est sec, il sera prêt pour le glaçage (voir chapitre V.).

Bol pour une lampe

Matériel requis :

Environ 3 livres et demi d'argile,

Un moule en plâtre pour un bol,

Les outils de modelage en bois,

Les outils ovales en tôle d'acier,

L'outil en acier pointu,

Un rouleau à pâtisserie,

Un sac de silex,

Une petite éponge.

Après avoir choisi un bon moule pour votre bol, brossez-le à l'intérieur avec du silex moulu attaché dans un chiffon en coton, afin que l'argile ne s'y colle pas. Maintenant, battez un morceau d'argile bien travaillé sur une planche, avec le plat de la main, jusqu'à ce qu'il soit peut-être deux pouces de plus de diamètre que le fond du moule et d'un demi-pouce d'épaisseur. Il doit être roulé en douceur avec le rouleau à pâtisserie. Posez-le dans le moule en le pressant fermement contre le fond et les côtés. Il n'est peut-être pas hors de propos ici de dire qu'aucun outil mais un outil en bois ne doit être utilisé pour travailler dans des moules, car les outils métalliques sont susceptibles de blesser le plâtre. Le bord de la pièce inférieure est ensuite coupé même avec un outil de modelage en bois, et un morceau d'argile est formé en une forme de cube grossier entre les mains, puis roulé sur une table ou une planche avec le plat de la main jusqu'à environ trois- quarts de pouce de diamètre. longueur. Le bord supérieur de la pièce inférieure est marqué de lignes entrecroisées et mouillé de glissement. Le rouleau d'argile est alors démarré sur le bord, le long du haut de la pièce inférieure, pressé fermement dessus et contre les côtés du moule. Il est joint au fond par des mouvements fermes et réguliers du pouce ou de l'index. Lorsque le circuit est fait, les deux extrémités, chacune coupée en une longue pointe plate, de manière à s'unir parfaitement, sont jointes. Un autre rouleau est maintenant fait, le bord supérieur de la bobine précédente est mouillé de glissement et la bobine est fixée de la même manière, en prenant soin de commencer à un endroit différent de celui où la bobine précédente a été jointe. Ainsi, tout le bol est construit. Lorsqu'il y a des creux décidés en joignant les bobines, ils doivent être remplis avec de l'argile de la consistance de la pièce, et le fond et les côtés lissés avec un doigt amorti ou un outil de modélisation. Si un moule modérément profond a été choisi, une fois que les côtés sont recouverts de couches d'argile, quatre bobines ou plus peuvent être ajoutées au-dessus du moule pour faire un bol plus profond, en continuant les côtés dans une ligne gracieuse. Pour ce faire, lorsque la première bobine au-dessus du moule a été fixée, le bol est mis à l'écart, à l'extérieur pendant quinze ou vingt minutes s'il est en été ou à l'intérieur plus longtemps si l'on travaille en hiver. Chaque fois que deux bobines ont à l'extérieur pendant quinze ou vingt minutes si c'est en été ou à l'intérieur pendant plus longtemps si l'on travaille en hiver. Chaque fois que deux bobines ont à l'extérieur pendant quinze ou vingt minutes si c'est en été ou à l'intérieur pendant plus longtemps si l'on travaille en hiver. Chaque fois que deux bobines ont été construites, la pièce est placée pour durcir. Ces bobines, étant exemptes du moule, peuvent être jointes aussi bien à l'extérieur qu'à l'intérieur. Ils sont amenés progressivement (voir planche) jusqu'à ce qu'il y ait un espace de cinq pouces et demi de diamètre en haut. Si une lampe à tirage central doit être utilisée dans ce bol, un design percé sera pratique, car il supprime la nécessité d'un trou au fond du bol. Il reste cependant beaucoup à faire avant que la pièce ne soit prête pour la conception. Lorsqu'il est resté quatre ou cinq heures ou toute la nuit, le bol peut être soulevé du moule, les fissures à l'extérieur où il était impossible de joindre les bobines sont humides de glissement et remplies d'argile de la consistance du bol, à l'aide du doigt ou d'un outil en bois. Lorsque le bol est assez sec, il est lissé à l'intérieur et à l'extérieur, d'abord avec l'outil ovale à dents de scie, puis avec le tranchant lisse, comme décrit à la page 19. Les courses avec ces outils doivent être courtes et fermes, dans toutes les directions. La pièce est ensuite retournée de bas en haut, un cercle est dessiné à un demi-pouce du bord du bas et l'argile à l'intérieur est grattée, de manière à laisser une surface plane légèrement plus basse que le bord extérieur. C'est là que le potier fait sa marque - une simple initiale faite rapidement au lieu d'une signature.

Le bord supérieur, après avoir été coupé aussi fidèlement que possible à l'œil, est rendu absolument uniforme par la méthode décrite dans les pages qui suivent. L'ensemble de la pièce est ensuite frotté avec une éponge humide et lissé et poli avec les doigts. Il est maintenant prêt pour la conception (voir Fig. 28).

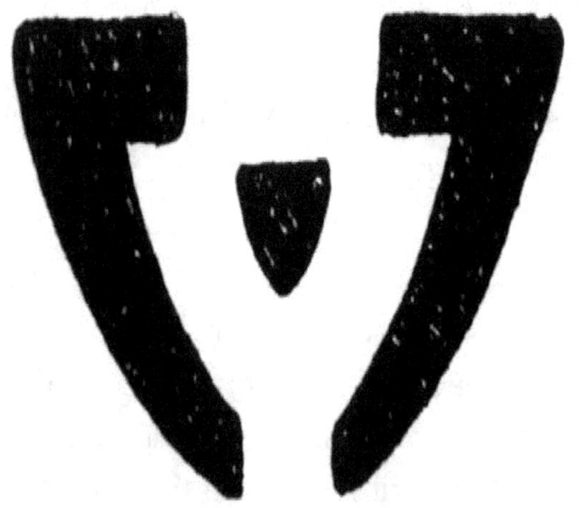

FIG. 28

Le bord supérieur du bol est marqué en cinquièmes et à trois quarts de pouce du haut, le dessin est dessiné avec un crayon, de sorte que chaque fois qu'il est répété, le centre doit être directement en dessous d'une marque sur le bord. Il est d'abord incisé avec un outil en métal, en lignes fermes et sûres. Encore une fois, le contour est tracé, cette fois plus profondément. Ensuite, l'argile à l'intérieur des lignes est découpée aussi profondément qu'elle a été incisée, et enfin le bord tranchant de l'outil coupe à travers le mur, près de la ligne. La main gauche doit soutenir la paroi intérieure du bol pendant ce processus. Une fois le dessin terminé, plongez le doigt dans l'eau et adoucissez les bords de la partie coupée. Le bol est maintenant prêt pour le vitrage. Si possible, il vaudra mieux cuire un morceau aussi gros que celui-ci dans le biscuit avant le glaçage. Il aura l'air bien s'il est vitré avec du bleu gris ou du vert foncé (voir le chapitre V.).

Pot mural pour plantes ou fleurs

Matériel requis :

Environ 4½ livres d'argile bien mélangée,

Une plaque de plâtre d'environ 10 sur 12 pouces,

Les outils ovales en tôle d'acier,

L'outil en acier pointu,

Un rouleau à pâtisserie,

Peinture aquarelle bleu outremer,

Un pinceau de taille moyenne à pointe fine,

Une soucoupe d'argile moulue et cuite mélangée à de l'eau.

Un pot à eau indien en vannerie, enduit de chewing-gum pinon, pointé vers le bas pour pouvoir être mis debout dans le sol ou suspendu par des lanières de cuir à un arbre, suggéra la forme de ce pot. Un côté est fait à plat, de sorte qu'il puisse s'accrocher au mur de la bibliothèque ou de la place tenant une longue plante traînante qui pousse dans l'eau, le lierre ou un juif errant, ou des fleurs sauvages rassemblées lors d'une promenade à travers les bois et les ruelles. Quelle méthode plus appropriée pour y parvenir que le processus indien décrit au chapitre II.? Nous aurons besoin d'environ quatre livres et demi d'argile bien mélangée. Un gros morceau, près de deux livres, est aplati sur une table, avec la partie épaisse à la main puis fait même avec le rouleau à pâtisserie. La feuille d'argile doit mesurer dix par douze pouces et pas moins de trois huitièmes de pouce d'épaisseur. Sur celui-ci, la forme de bocal représentée sur la figure 29 est soulignée avec un crayon, ce qui la rend aussi grande que possible pour permettre un rétrécissement. Il est ensuite découpé avec l'outil en acier pointu et transféré très soigneusement sur une grande dalle de plâtre, où il reste pendant que les murs sont construits dessus. Une bobine d'argile est déroulée, comme décrit au chapitre II., Et en commençant par le côté gauche de la forme du pot, en haut, il est attaché au bord (qui a été précédemment sillonné avec un outil en acier et humide avec glissement), tout autour du côté opposé du haut.

FIG. 29

Le pot est ensuite mis en l'air jusqu'à ce qu'il soit assez dur, lorsque la bobine suivante est ajoutée de la même manière. La troisième bobine est amenée un peu vers le centre, et les bobines suivantes viennent encore plus, de manière à donner la forme d'un pot coupé exactement en deux. Une fois que chaque bobine est attachée, elle doit être laissée en l'air pour se rigidifier, sinon l'argile en dessous ne supportera pas la bobine en cours, tant est la contrainte pour former une telle forme. Chaque fois qu'une bobine est ajoutée, le mur ci-dessous doit être sillonné avec l'outil en acier (une précaution supplémentaire) et mouillé avec du glissement. Il faut prendre soin de ne pas rendre les murs trop épais, de joindre les bobines et de finir l'intérieur au fur et à mesure de sa fabrication; car, lorsque le pot est terminé, il est impossible de mettre la main et l'outil assez loin pour le lisser et le finir bien.

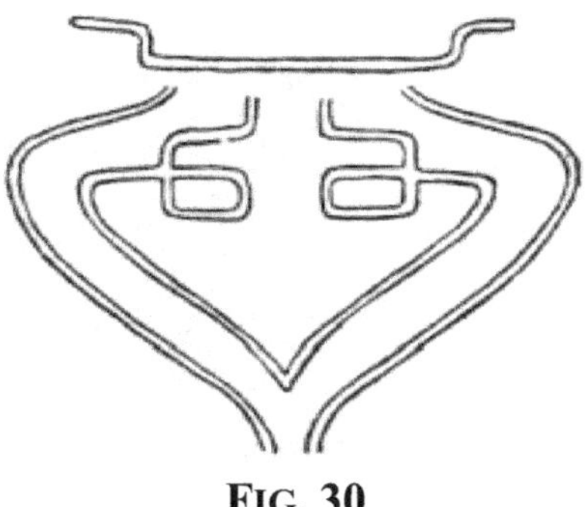

FIG. 30

Lorsque le pot est fabriqué, à l'exception d'un espace en forme de losange au milieu de la paroi avant, la pièce pour le remplir est coupée et ajustée. Elle sera presque parallèle à la paroi arrière. Prenez soin de le rendre plein pour l'ouverture, et joignez-le aux bords intérieurs avec le plus grand soin, car ici, le cas échéant, le pot est susceptible de se fissurer. Le dessus est maintenant fait même à l'oeil, en utilisant l'outil en acier pointu.

POTERIE POUR LA BEAUTÉ ET L'UTILISATION

Le bol rose vert pâle avec un dessin de papillon de nuit, à gauche, a à côté un plat néerlandais bas. Sur la droite, un bol de fruits avec un glaçage mat vert foncé.

COMMENT FAIRE UN MOULE À PLÂTRE

A gauche se trouve un moule en plâtre, et à côté un bol de roses qui y était partiellement formé. Voir le chapitre VII.

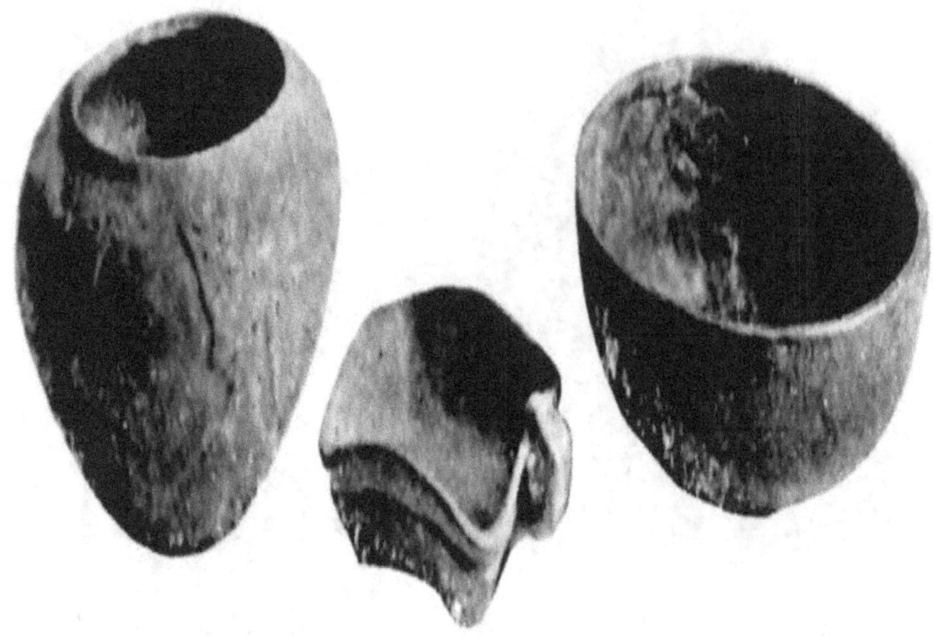

POTERIE POUR LA BEAUTÉ ET L'UTILISATION

Le bol de la lampe à gauche a un émail mat gris-bleu. À côté se trouve un chandelier, avec les marques du pouce du potier sur chaque partie. Le pot mural en arrière-plan est destiné aux plantes qui poussent dans l'eau. Sur la droite se trouve un bougeoir fleur en vert et blanc.

Lorsque le pot est un peu sec, deux poignées (voir planche) sont formées de rouleaux d'argile (la consistance de celle utilisée pour fabriquer le pot), de cinq pouces et demi de long sur un pouce de large et un demi-pouce d'épaisseur. Ceux-ci sont solidement fixés à la paroi arrière du pot en haut (voir planche), selon la méthode décrite aux pages 39 et 40. Le décor (voir Fig. 30) est dessiné sur la paroi avant arrondie du pot avec de l'outremer aquarelle, puis reconstitué avec de l'argile brûlée en poudre et de l'eau (voir les instructions au chapitre IV.). Si possible, cette pièce doit d'abord être cuite dans le biscuit. Une glaçure de vert gris foncé (voir chapitre V.) le terminera de la manière la plus attrayante.

Plat hollandais pour bonbons

Matériel requis :

Environ 1½ livres d'argile,

Les outils de modelage en bois,

L'outil en acier pointu,

Une tuile de plâtre,

Un rouleau à pâtisserie.

Un plat hollandais pittoresque, apporté des Pays-Bas il y a des années, était le modèle de ce petit morceau de poterie robuste. Il peut être utilisé pour des bonbons ou pour contenir un vase de fleurs, ou une plante en pot, protégeant une table polie. Un morceau d'argile est roulé sur une table avec les mains et un rouleau à pâtisserie d'une épaisseur d'un demi-pouce. Sur cette feuille d'argile, un rectangle de quatre pouces et quart sur quatre pouces et demi est dessiné avec un crayon et découpé avec l'outil en acier pointu. Il est ensuite transféré sur une dalle de plâtre.

Au bord de ce rectangle une bobine d'argile est attachée selon les directions du chapitre II, et légèrement évasée vers l'extérieur, en prenant soin de ne pas rendre les coins pointus, mais arrondis et uniformes. Une fois que la première bobine s'est rigidifiée et que les côtés ont été rendus quelque peu uniformes et minces, elle est coupée même à l'œil nu, incurvant le bord progressivement vers le milieu des côtés et en l'enfonçant légèrement dans les coins.

Une deuxième bobine est maintenant ajoutée, mais au lieu de la fixer au sommet de la première, elle est jointe juste en dessous du sommet et à l'intérieur de la première bobine. Lorsqu'elle s'est suffisamment raidie à l'air, la coupelle est soigneusement lissée à l'intérieur et à l'extérieur avec la main et les outils de modelage en bois, rendant les murs uniformes et fins et perfectionnant la forme.

L'effet des jambes est donné en coupant sous les côtés, en commençant à un demi-pouce au-dessus du fond. Si cela commence à trois quarts de pouce des coins, cela laissera une jambe courte et robuste d'un pouce et demi de large à chacun des quatre coins du plat.

Un rouleau d'argile d'environ cinq pouces et demi de long, un pouce de large et trois huitièmes de pouce d'épaisseur est transformé en une poignée (voir plaque), qui est attachée au milieu de l'un des côtés du plat. Aux deux points où il doit être joint, le côté du plat est sillonné avec l'outil en acier et mouillé de glissement.

Le fond est terminé en dessinant un carré avec un crayon, à un demi-pouce du bord, et en l'enfonçant dans le carré, de manière à laisser une surface plane et uniforme. La marque du potier est alors faite dans cette case.

Un glacis mat vert pâle (voir chapitre V.) donne une finition charmante à cette pièce.

Rose-Bowl avec motif papillon

Matériel requis :

Environ 5 livres d'argile,

Un rouleau à pâtisserie,

Les outils ovales en tôle d'acier,

L'outil en acier pointu,

L'outil en acier à bout plat,

Une tuile de plâtre.

Cette rosace, qui est représentée dans l'assiette, a été réalisée sans contour en carton. Si l'œil est raisonnablement vrai, ce n'est pas une question difficile, mais sinon, le processus des grandes lignes (voir le chapitre II.) Peut être suivi.

Un morceau d'argile est d'abord tapoté à plat avec la main, puis roulé avec le rouleau à pâtisserie, jusqu'à ce qu'il mesure six pouces carrés et environ cinq huitièmes de pouce d'épaisseur. Sur cette feuille d'argile un cercle est marqué, cinq pouces de diamètre, découpé et placé sur un tuile de plâtre. Le bord est sillonné avec un outil en acier et mouillé de glissement, et la première bobine est fixée (voir chapitre II.).

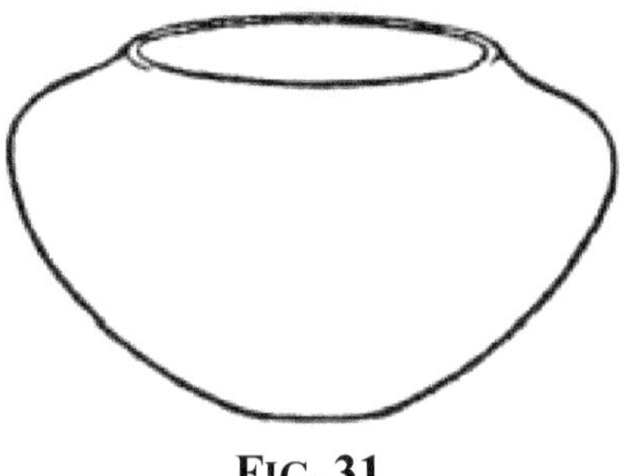

FIG. 31

Deux bobines sont construites, puis elles sont pressées vers l'extérieur pour former le début du contour, illustré à la Fig 31. Ce contour a été tiré du balayage inférieur des ailes d'un papillon lunaire, et le même papillon forme le dessin en relief sur il (voir Fig. 32).

FIG. 32

Le bol est ensuite mis à l'extérieur jusqu'à ce que l'argile soit suffisamment ferme pour supporter deux autres bobines. Ceux-ci sont ajoutés; les brûler pour suivre le contour, puis le bol est rangé pour durcir - à l'air, si la température n'est pas trop froide, sinon à l'intérieur. Il est construit exactement comme le pot de fleurs du chapitre II, sauf qu'il n'y a pas de contour en carton pour le tester; l'œil seul est le guide. Un grand soin devrait être pris pour ne pas ajouter les bobines jusqu'à ce que celles ci-dessous soient assez rigides, car l'évasement décidé rend difficile de garder les côtés fermes et fidèles dans les contours. La circonférence du bol, à sa partie la plus large, devrait être d'environ trente pouces. Lorsqu'il est terminé, les côtés intérieurs et extérieurs sont lissés, d'abord avec l'outil ovale à lame de scie, puis avec l'outil lisse. Le bord est coupé aussi fidèlement que possible à l'œil, et parfaitement nivelé en le pressant rapidement et légèrement sur la dalle de verre dépoli, humide avec de l'eau claire, comme déjà décrit. Une éponge humide est ensuite passée sur la pièce, à l'intérieur et à l'extérieur, pendant que les doigts la frottent et la polissent à sec.

Le fond est terminé et la marque du potier est faite comme décrit au chapitre II.

Lorsque le bol est parfaitement sec, disons le lendemain, il est prêt pour la décoration.

Divisez la circonférence du haut du bol en cinquièmes, avec des marques de crayon, légèrement faites. Dessinez ensuite le dessin dessus, de sorte que le haut des ailes supérieures ne soit pas à moins d'un pouce du bord du bol. Faites en sorte que les papillons soient aussi gros que nature que le bol le permet. Trois pouces et demi de diamètre, de la pointe à la pointe des ailes supérieures, avec des espaces d'un pouce et demi entre eux, sera regardez bien, si le bol est assez grand. Après avoir dessiné le motif au crayon, tracez-le fermement avec l'outil en acier tranchant, en prenant soin de biseauter le bord du motif. Ne coupez jamais sous le bord, car la glaçure ne coulera pas bien dessus. Passez en revue le contour, en le rendant ferme et profond, avec une pointe en bois. Maintenant, en commençant près du bord du papillon de nuit, avec l'outil en acier à pointe plate, grattez-le, de manière à couper aussi profondément que le contour, près du motif, et à raser rien à environ un demi-pouce de celui-ci . Cela donnera un effet de bas relief, ce qui est très attrayant. Les antennes sont incisées (voir chapitre IV.), Et les marques du papillon de nuit peuvent être construites avec de l'argile moulue, cuite au four, de manière à accentuer le relief. Le bol peut être glacé d'un vert pâle avec une légère teinte jaune (voir chapitre V.) pour suggérer la couleur du papillon de nuit. Il devrait cependant

Bougeoir fleur

Matériel requis :

Environ 1½ livres d'argile,

Les outils de modelage en bois,

Une tuile de plâtre.

Un bougeoir en forme de fleur peut être réalisé en vert et blanc, pour une chambre dans une maison de campagne.

Cinq feuilles, en grande partie la forme de feuilles de pavot, rayonner du centre, faisant une base à partir de laquelle la tige s'élève de trois pouces. Un calice rond et légèrement aplati, surmonté d'une fleur à cinq pétales, forme la coupe de la bougie. Une sixième feuille, partant du centre de la base, s'enroule jusqu'à ce que sa pointe repose latéralement contre la tige, servant le double objectif d'une poignée et d'une attelle pour la tige. La base doit d'abord être modelée, à partir d'un seul morceau d'argile, placé sur une tuile de plâtre. Il faut prendre soin de l'avoir suffisamment épais - au moins un demi-pouce dans la plupart des endroits. Bien que les feuilles doivent être indiquées, n'essayez pas de porter la forme de feuille au centre de la base. Laissez le contour irrégulier de toute la base, avec une pointe surélevée occasionnelle, ou le bord d'une feuille, suggérer plutôt que d'imiter les feuilles. La feuille qui forme la poignée sera bien sûr modelée avec plus de soin. Maintenant, moulez la tige, d'environ un pouce de diamètre et trois pouces de long, avec le calice à l'extrémité, un pouce et trois quarts de diamètre et un pouce de haut. Après avoir sillonné le milieu de la base avec l'outil en acier pointu, mouillez-le avec du glissement et placez la tige sur la base, en travaillant fermement les bords dessus avec le plat du clou et des outils de modélisation en bois. La feuille pour la poignée est amenée contre la tige avec un gracieux tourner, et là attaché avec une touche de glissement et un peu d'argile ajouté en dessous. Veillez à ce que le chandelier entier soit substantiel et pas du tout mince dans sa construction, sinon il suggérera un travail du métal plutôt que de la poterie.

Après que le chandelier se soit rigidifié pendant quelques heures, une fleur à cinq pétales, de trois pouces et trois quarts de diamètre, est modelée et posée sur le calice, qui a d'abord été sillonné et mouillé de barbotine. La coupe pour la bougie est ensuite creusée au centre de la fleur et du calice, soulevant le bord du centre de la fleur légèrement au-dessus des pétales environnants. La coupe de la bougie doit être un peu plus grande que ce qu'elle devra être une fois terminé, car elle rétrécit un peu lors du séchage et de la cuisson, et la glaçure la remplit également un peu. Assurez-vous également de l'avoir suffisamment profond pour contenir la bougie.

La base, la tige et le manche sont finis avec un glacis mat gris vert (voir chapitre V.), tandis que les pétales sont blancs - le glacis mat incolore.

CHAPITRE VII : COMMENT FAIRE UN MOULE EN PLÂTRE

Dans la construction de pièces de poterie dont les murs ont un évasement prononcé, un moule en plâtre sera le plus utile. Ses côtés supportent les bobines d'argile et permettent au potier de former sa pièce beaucoup plus rapidement et sûrement qu'il ne le pourrait à l'œil nu, ou même avec le contour en carton.

Il doit, cependant, être utilisé avec discernement, plutôt comme une aide pour commencer une pièce qui est ensuite finie à l'oeil que comme un moule dans lequel des pièces sont dupliquées. Le fait de produire de nombreuses pièces exactement semblables a une saveur commerciale et ne développe pas l'individualité du potier. Plusieurs moules en forme de bol, de forme et d'évasement variés, s'ils sont utilisés comme suggéré, seront d'une grande aide pour le potier. Ils sont fabriqués assez facilement, comme suit:

Un moule en plâtre en forme de bol

Matériel requis :

6 ou 8 livres d'argile, bien mélangée,

Un bol, ou un moule en forme de bol,

Une bassine pleine de plâtre de Paris,

Une bassine d'eau,

Un sac de silex moulu,

Un morceau de toile cirée de 8 pouces de largeur sur 1¼ mètre de longueur,

2 pinces à linge,

Une grosse corde ou corde,

Une cale en bois,

Quelques gouttes d'huile d'olive,

Les outils de modelage en bois,

L'outil rectangulaire en tôle d'acier,

Un grand outil en forme de houe,

Une grande cuillère de cuisine.

Après avoir choisi le bol que vous souhaitez copier, saupoudrez-le avec un chiffon de coton dans lequel du silex moulu est attaché et étalez un morceau d'argile de deux pouces ou plus de plus de diamètre que le fond du bol et d'environ un pouce d'épaisseur. Appuyez dessus avec précaution dans le bas, en vous assurant qu'il touche partout. Maintenant, étalez plusieurs autres morceaux de la même épaisseur, assez grands pour aller du bord supérieur de la pièce inférieure au bord du bol, et de quatre ou cinq pouces de large. Le bord supérieur de la pièce inférieure ayant été coupé de manière uniforme et humide de glissement, ces pièces sont fermement pressées vers le bas et jointes à celle-ci avec le coup de clou mentionné précédemment. Un grand soin est également pris pour presser ces pièces contre les parois du bol. Lorsque le bol est recouvert de cette manière avec une couche d'argile d'un pouce ou plus d'épaisseur à chaque point de fermeture contre ses parois, l'argile est lissée uniformément sur le dessus, sur une ligne avec le bord du bol (à l'aide de l'outil rectangulaire en tôle d'acier) et placée à l'extérieur pour durcir.

Lorsqu'il est un peu ferme, le bol est rempli d'argile jusqu'à ce qu'il ne reste qu'un espace de la taille d'une main d'homme au milieu. Il est ensuite mis à l'écart, cette fois pendant la nuit, pour durcir.

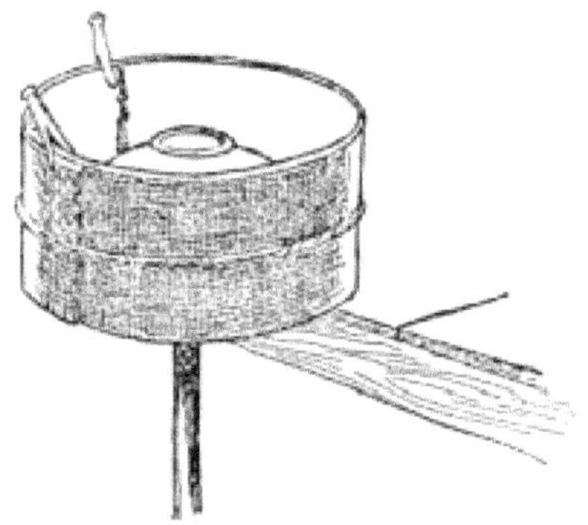

FIG. 33

Le lendemain, l'argile aura séché et rétréci suffisamment pour permettre au potier de la sortir du moule. Les fissures ou les creux qui peuvent être trouvés à l'extérieur sont humides de glissement et remplis d'argile de la consistance de la pièce. Une fois que l'argile est assez sèche, la forme du moule doit être parfaitement fidèle à la main (en utilisant les outils ovales en tôle d'acier) ou sur la roue. Si la dernière méthode est choisie, placez le moule en argile côté bas vers le haut sur la roue, centrez-le (selon les instructions du chapitre III) et, en prenant un grand outil en forme de houe, tenez-le fermement, en soutenant encore mieux la main avec un bâton posé en face d'un moule en plâtre ou d'un autre objet pratique sur la table, sur les genoux. Après avoir mis la roue en mouvement, maintenez la pointe terne de l'outil de manière à ce qu'il touche juste la paroi du moule, près de la roue. coupera et perfectionnera les côtés. Le fond est fait même de la même manière. Maintenant, lavez soigneusement la roue à l'extérieur du moule et huilez-la avec de l'huile d'olive. Prenez un morceau de toile cirée lourde, d'environ huit pouces de large et assez long pour atteindre autour de la roue, chevauchant environ un pied. Placez-le avec le côté droit dedans, tirez-le fermement et fixez-le avec des épingles à linge (voir Fig.33). Ensuite, attachez une corde ou un gros cordon autour de la toile cirée, à peu près au niveau de la roue, et, pour la rendre plus sûre, calez-la avec un morceau de bois. Rouler des bandes d'argile sur le diamètre d'un crayon de plomb, et arrêter les fissures où la toile cirée se chevauche, également entre la toile cirée et la roue, très soigneusement, afin de ne pas toucher le moule en argile. Attention, désormais, à ne pas déplacer la roue tant que le moule n'est pas réalisé. Maintenant, mélangez votre plâtre de Paris, comme suit: Ayez une bassine ou une bassine vide, suffisamment grande pour contenir la quantité nécessaire au moule - vous apprendrez à juger cela assez bien à l'œil nu. Mettez autant d'eau que vous en aurez besoin et tamisez progressivement dedans, par poignées, le plâtre sec, en pressant tous les grumeaux; de cette façon, l'eau atteindra chaque particule. Quand il y a un petit îlot de plâtre, à environ un pouce au-dessus de la surface de l'eau, il y en aura assez. Laissez le plâtre complètement saturé par l'eau, comme il le fera dans quelques minutes; puis mélanger avec les mains ou une grande cuillère jusqu'à ce que ce soit la consistance d'une crème épaisse. Versez-le progressivement autour et sur le moule en argile, pas tous au même endroit, jusqu'à ce qu'il soit à environ un pouce et demi ou deux pouces au-dessus du fond de celui-ci. Laissez-le reposer pendant une heure ou plus jusqu'à ce qu'il semble parfaitement dur. La toile cirée est ensuite enlevée, et avec la pointe terne de l'outil en forme de houe, le fond est taillé correctement sur la roue, de la même manière que la poterie faite à la roue est terminée. Les côtés doivent également être lissés et réalisés même avec l'outil en tôle d'acier à bords droits. Cela ressemble alors à un grand gâteau glacé. Lorsque le plâtre est dur et durci, le moule est retiré de la roue et inversé, de sorte que l'argile peut être enlevée. Pour ce faire, creusez l'intérieur du moule en argile avec un gros outil en tôle d'acier, en prenant soin de ne pas s'approcher du plâtre, qui serait blessé par l'acier. La coquille d'argile restante peut être facilement soulevée avec les doigts.

Celui qui ne possède pas de roue peut fabriquer un moule en plaçant le bol d'argile, de bas en haut, au centre d'un petit moule à pain ou à vaisselle peu profond, qui doit ensuite être bien huilé sur sa surface intérieure. Le plâtre de Paris est mélangé et coulé autour et sur le moule en argile, comme déjà décrit.

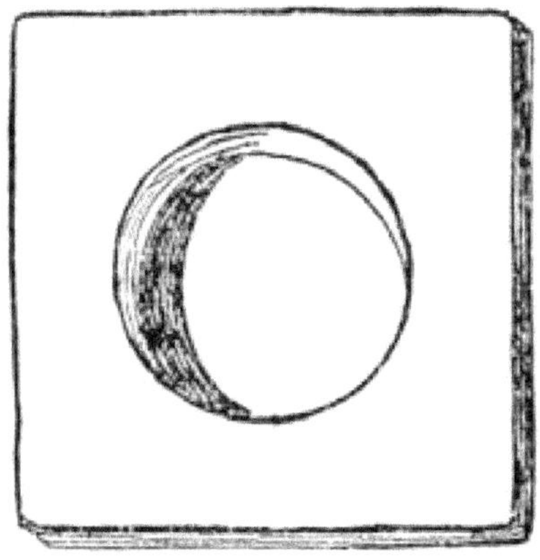

FIG. 34

Si l'on utilise beaucoup d'argile, des bassins en plâtre peuvent être faits pour sécher l'eau superflue de l'argile après son mélange. Ceux-ci sont moulés sous la forme représentée sur la figure 34, la cavité circulaire à côtés droits au centre ayant environ trois pouces de profondeur, et la dalle entière peut-être seize pouces carrés. La partie de bassin, comme le moule en forme de bol qui vient d'être décrit, est d'abord formée en argile solide, et le moule est fabriqué de la même manière.

Des plaques de plâtre, rondes et carrées, destinées à contenir les pièces de poterie pendant leur fabrication et leur séchage, peuvent également être moulées.

Rose-Bowl a commencé dans un moule

Matériel requis :

Un moule en plâtre en forme de bol, 3½ pouces de diamètre en bas et 9½ pouces en haut,

Environ 3 livres et demi d'argile,

Un sac de silex moulu,

Les outils de modelage en bois,

Les outils ovales en tôle d'acier,

L'outil en acier pointu,

Un bol de barbotine,

Une petite éponge,

Un rouleau à pâtisserie.

Un charmant bol de roses peut être construit dans le moule en plâtre décrit dans ce chapitre. Environ trois livres et demi d'argile bien travaillée seront nécessaires, ainsi que les outils habituels.

Un petit morceau d'argile est d'abord tapoté avec les mains sur une table ou une planche, puis roulé lisse avec un rouleau à pâtisserie jusqu'à ce qu'il mesure trois huitièmes de pouce d'épaisseur et environ six pouces de diamètre. Ceci est posé dans le fond du moule, qui a été préalablement saupoudré de silex moulu attaché dans un chiffon de coton. L'argile est pressée légèrement, mais avec précaution, contre le fond et les côtés, puis fabriquée même à son bord supérieur avec un outil en bois. Des coups de l'outil de modelage en bois, coupant ce bord supérieur entrecroisé, et une touche de glissement, le préparent pour le premier rouleau d'argile, qui est fait et à comme décrit au chapitre II. Ces bobines n'ont pas besoin d'être aussi épaisses que celles utilisées pour fabriquer les premières pièces. Au fur et à mesure que le travailleur acquiert de l'expérience, il peut rendre les murs de ses pièces beaucoup plus légers qu'au début, tout en les gardant solides. Les bobines suivantes sont jointes de la même manière, en prenant soin de presser chacune contre la paroi du moule, ainsi que sur la bobine en dessous. Lorsque les côtés du bol sont couverts, une bobine est fixée au-dessus du bord du moule. Cela devrait être presque vertical, au lieu de s'évaser, et une deuxième bobine (qui est jointe après que la première s'est rigidifiée à l'extérieur pendant vingt minutes) est amenée légèrement vers le centre. Le bol est ensuite laissé pendant la nuit, lorsqu'il sera assez sec et suffisamment rétréci pour glisser facilement hors du moule. Il est retourné de bas en haut sur une table, et les fissures entre les bobines sont humides de barbotine et soigneusement remplies d'argile de la consistance du bol. Après avoir durci pendant quelques heures, il est rendu lisse et uniforme avec les outils ovales en tôle d'acier comme décrit dans les chapitres précédents. En coupant les murs à une épaisseur uniforme, ils peuvent être rendus relativement minces - un peu moins d'un quart de pouce. Ensuite, le fond est terminé et la marque du potier est faite. Le bord, après avoir été biseauté à l'oeil, est perfectionné sur la dalle de verre dépoli.

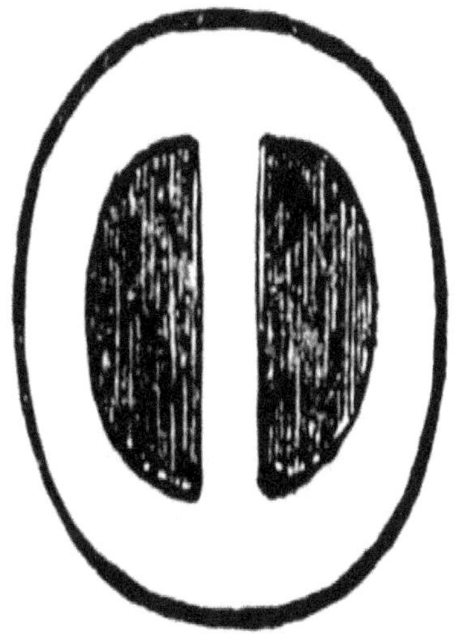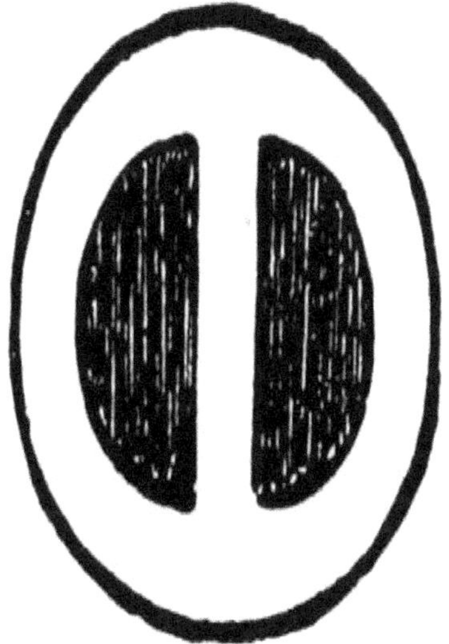

FIG. 35

La pièce est maintenant prête pour sa décoration. C'est la conception représentée sur la figure 35. La circonférence du dessus du bol est divisée en cinquièmes, et les marques sont faites au crayon un demi-pouce sous le bord. Juste en dessous de chacune de ces marques, le dessin est dessiné, en le plaçant de telle sorte que si une ligne était dessinée directement à partir de la marque au crayon, l'une des figures ovales serait de chaque côté de celle-ci. Le centre du dessin est percé, comme indiqué sur la figure 35, par la méthode décrite au chapitre IV., Et une ligne incisée profonde l'entoure.

Un émail mat vert pâle (voir chapitre V.) complète le bol.

CHAPITRE VIII : LA FABRICATION D'UNE TUILE

Les anciens Egyptiens étaient probablement les premiers fabricants de carreaux. Certaines de leurs pièces émaillées les plus remarquables sont des plaques ou des plaques d'argile, fabriquées dès 1300 avant JC. Des figures d'hommes et d'animaux y ont été dessinées, modelées en bas relief et recouvertes d'émaux, brillants et beaux en couleur.

Dans d'autres tuiles, une sorte de mosaïque a été faite - une combinaison d'argile fine et d'émaux, qui ont été mélangés en pâtes molles. Le design a été modelé et assemblé dans ces pâtes colorées qui, lors de leur cuisson, se fixaient et se vitrifiaient. Encore une fois, ces artisans rusés ont laissé dans les incisions d'argile formant un dessin. Dans ces cadres, pour ainsi dire, de petits morceaux de verre ou d'émail ont été installés, et lorsqu'ils sont fondus en place par la chaleur du four, des bijoux suggérés.

De nos jours, nos artistes potiers conçoivent et modélisent des carreaux pour la décoration des murs et des sols —Des manteaux entiers assortis à la palette de couleurs d'une bibliothèque ou du boudoir de ma dame.

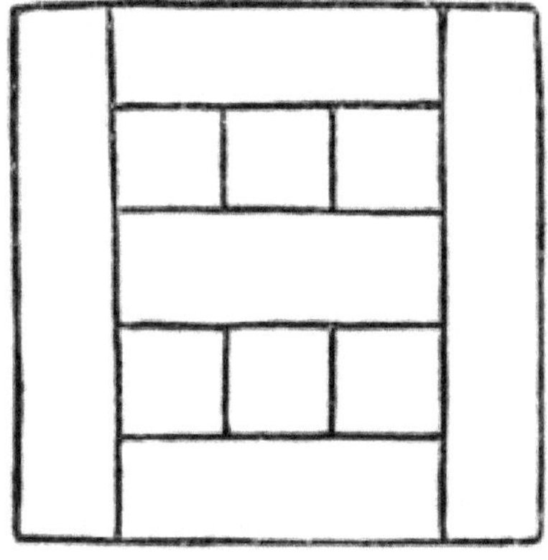

FIG. 36

Pour les non-initiés, la fabrication d'un carreau semble presque trop simple à apprendre - juste une plaque d'argile, coupée en carré et cuite au four. C'est assez simple, certes, mais il a suffisamment de difficultés pour le rendre intéressant.

Supposons que nous moulions un carreau et apprenions par expérience quelles sont les difficultés et comment les surmonter.

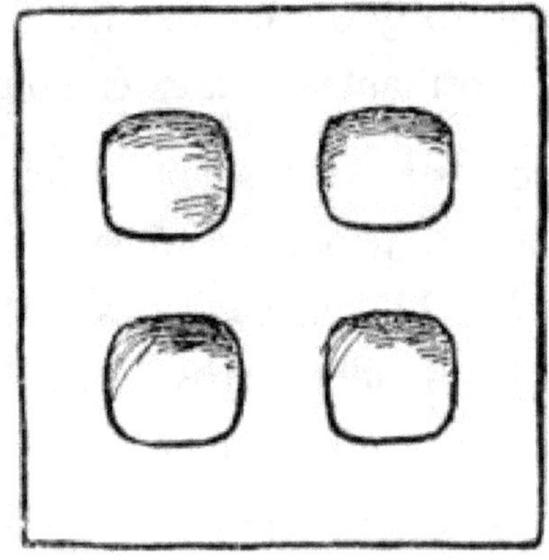

FIG. 37

L'argile qui est utilisée dans le moulage des carreaux est la même que celle dont les autres pièces de poterie sont fabriquées, *c'est-à - dire* un mélange de feu et de boule ou d'argile bleue avec l'ajout d'une grande quantité de ce que les potiers appellent, «grog . » Il s'agit d'argile réfractaire qui, après la cuisson, devient de couleur jaune pâle et assez dure. Il est pilonné en morceaux de la taille d'un petit pois, et plus petits, et bien mélangés à travers l'argile, pour agir comme un agent de revenu. Mouler autant de «grog» que l'argile en tiendra. Trop lui fera perdre sa plasticité et se séparera en petits grumeaux, mais à part cela, plus l'argile à carreaux contient de «grog», mieux c'est, car étant cuite et rétrécie, elle minimise les risques de fissuration par retrait.

Pour fabriquer une tuile, les matériaux suivants seront nécessaires:

Environ 4½ livres d'argile à carreaux,

Une planche de niveau, environ 15 par 20 pouces,

Un cadre réalisé en vissant une bande de bois de ⅞ de pouce d'épaisseur sur 2 pouces de largeur et 21 pouces de longueur, sur chacun des bords longs d'une planche de 14½ pouces de largeur sur 21 pouces de longueur,

3 morceaux de chiffon à fromage blanc, 15 x 21 pouces,

Un rouleau à pâtisserie,

L'outil en tôle rectangulaire,

AT carré ou un morceau de tôle, 8 par 8 pouces,

Un couteau fort et tranchant,

Un bol de barbotine,

Les outils de modelage du buis,

L'outil en acier pointu,

L'outil en acier à pointe plate.

Pour commencer, un grand morceau de terre cuite est travaillé jusqu'à ce que tous les trous d'aération en soient sortis, comme déjà décrit.

FIG. 38

Une planche de bois absolument plane, ayant été préalablement recouverte d'un morceau de toile à fromage blanc humide, qui y est solidement collée, l'argile est moulée en carré à la main et posée sur la planche. Il est ensuite pilé à plat avec la partie épaisse de la main en un gâteau carré irrégulier, et roulé avec un rouleau à pâtisserie, mouillé de barbotine, jusqu'à ce qu'il ait un peu moins d'un demi-pouce d'épaisseur.

FIG. 39

Un cadre en bois fait d'une planche de quatorze pouces et demi de large par vingt et un pouces de long, avec une bande de bois de la même longueur, sept huitièmes de pouce d'épaisseur lors du rabotage, et deux pouces de large, vissé sur chacun des bords longs, doivent avoir été fournis au préalable. Un morceau de toile à fromage humide est étalé sur cette planche, et le carré d'argile y est soigneusement transféré, en l'ajustant soigneusement dans la forme en tapotant et en appuyant avec la main. Il doit ensuite être lissé avec l'outil rectangulaire en tôle d'acier.

FIG. 40

La tuile doit maintenant être renforcée car le bord extérieur, qui sèche et rétrécit en premier, se fissurerait naturellement lorsque l'intérieur serait finalement séché et rétréci, et donc gâcherait la tuile. Une fois renforcés, les bords, étant à double épaisseur, sèchent plus lentement, ce qui permet à l'ensemble du carreau de rétrécir uniformément. Six morceaux d'argile sont roulés en autant de bandes semblables à des cordes. Cinq de ces bandes sont tapotées à plat avec la main jusqu'à ce qu'elles aient environ un pouce et demi de large et pas tout à fait un demi-pouce d'épaisseur. Ils sont ensuite posés le long des bords extérieurs de la tuile, qui ont d'abord légèrement brossé avec de la barbotine, et à travers le milieu (voir Fig. 36), en les pressant fermement sur le carreau et en joignant les bords avec soin. La sixième bande est coupée en deux morceaux courts, qui sont posés au centre, entre les trois bandes traversant le carreau (voir Fig.36), et fermement attachés en les moulant contre les autres bandes et en travaillant les bords sur le carreau sur lequel une touche de glissement a été brossée. Un morceau de toile à fromage humide est posé sur le carreau et il est à nouveau roulé avec le rouleau à pâtisserie. Ensuite, il est rendu lisse avec l'outil en tôle d'acier, et les quatre dépressions sont moulées uniformément, comme le montre la figure 37. Il est ensuite mis de côté pendant la nuit, pour être en bon état pour couper et finir.

FIG. 41

Le jour suivant, placez une planche au bas de la tuile et inversez le cadre pour que la tuile glisse sur la planche. Ensuite, avec un carré en T ou un morceau de tôle de huit par huit pouces (la taille du carreau) posé dessus, coupez sur les bords avec un couteau tranchant et fort. La tuile est ensuite mise à l'écart pour recevoir sa décoration, qui doit être réalisée le lendemain.

Il faut toujours prendre soin de ne poser le carreau que sur une planche absolument plane ou sur une autre surface plane lors du séchage, sinon il se déformera et sèchera de manière inégale.

LA FABRICATION D'UNE TUILE

Le visage de la tuile. Pour plus de détails sur cette conception, voir Fig.38 .

Le dos d'une tuile, montrant la marque du potier et la texture rugueuse de l'argile à tuiles.

FIG. 42

Après avoir choisi un dessin simple - par exemple, celui illustré à la Fig. 38 - dessinez-le sur le carreau au crayon. Passez ensuite sur les lignes avec l'outil pointu de buis, et avec un outil en bois pointu incurvé, incisez le contour encore plus profondément. Faites un contour net et ferme, large et profond, avec un bord biseauté. Ceci, bien sûr, en supposant que la tuile n'est pas devenue très sèche, auquel cas l'outil utilisé doit être celui en acier pointu, en finissant avec l'outil en bois. L'ensemble du dessin doit être profondément incisé avec des traits fermes et sûrs. Les morceaux de «grog» contre lesquels l'outil va courir de temps en temps ne blesseront pas le contour si la main est ferme. Si l'on coupe par erreur plus de design que prévu, il peut facilement être réparé avec une touche de glissement et un petit morceau d'argile, la consistance de la tuile, travaillé avec l'outil en acier pointu.

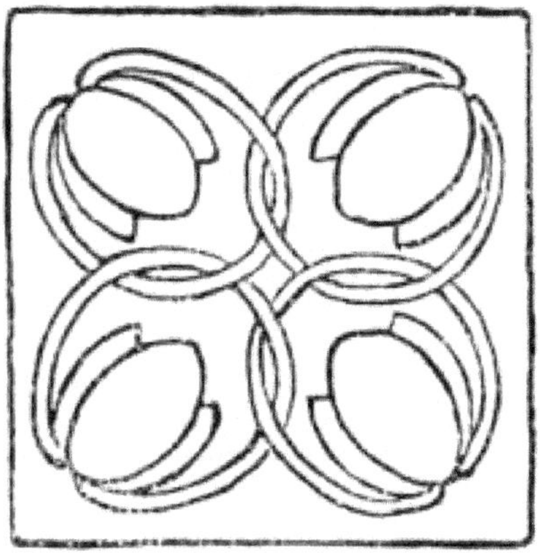

FIG. 43

Les parties du dessin qui sont indiquées par des points sur la figure 38 sont enfoncées avec l'outil en acier à pointe plate, selon le procédé pour laisser le dessin en bas relief, décrit au chapitre IV. Avant de laisser sécher la tuile pour la dernière fois, le potier incise sa marque au dos. Un glaçage mat jaune terne ou un vert gris (voir chapitre V.) le terminera de manière attrayante.

Une tuile comme celle-ci, de huit pouces carrés, est assez grande à certaines fins; il est, cependant, le plus efficace comme décoration, et peut rendre service pratique en tenant un pot de fleur ou un vase de fleurs - protégeant une table ou une cheminée en bois de l'humidité.

Les carreaux de cheminée sont, bien sûr, considérablement plus petits, et ceux à utiliser sur une table sont également plus légers. Ils sont fabriqués selon le même processus, en utilisant uniquement un cadre plus petit et en roulant l'argile plus mince.

Certaines conceptions de carreaux sont illustrées aux Fig. 39, 40, 41, 42 et 43.

CHAPITRE IX : LE KILN

La poterie, jusqu'à ce qu'elle soit cuite, a peu ou pas de valeur pratique. Celui qui possède un morceau de céramique Gay Head, fabriqué à Martha's Vineyard, et appelé par le nom des falaises dont il est fait d'argile, l'appréciera. Bien que de couleur charmante, un fond en terre cuite avec des lignes tourbillonnantes de jaune pâle, noir et blanc, il ne peut être placé qu'à un seul endroit - sur l'étagère la plus haute, hors de portée des enfants et des autres qui aiment «regarder avec leurs mains . » S'il était cuit, la couleur qui est son principal charme serait perdu, et il est donc si fragile qu'un toucher grossier le cassera ou le dégradera. Au début de la fabrication de la poterie, lorsque l'utilité était tout, les pots pour la cuisine et les usages domestiques étaient cuits soit avant le feu, soit recouverts d'écorce et d'autres combustibles, ce qui durcissait l'argile et la rendait suffisamment solide pour le service.

Les premiers à utiliser le four furent probablement les anciens Egyptiens.

L'une d'elles qui est représentée dans leurs peintures murales était une haute chambre circulaire en brique. Le sol, près du fond, était perforé, et en dessous se trouvait le carburant, qui était introduit par une ouverture sur le côté.

Le four utilisé par les premiers potiers grecs avait une place pour le combustible d'un côté, et une chambre supérieure pour les pièces de poterie, avec une porte par laquelle elle pouvait être introduite et retirée. Cela ne différait du four égyptien que par la présence d'un dôme.

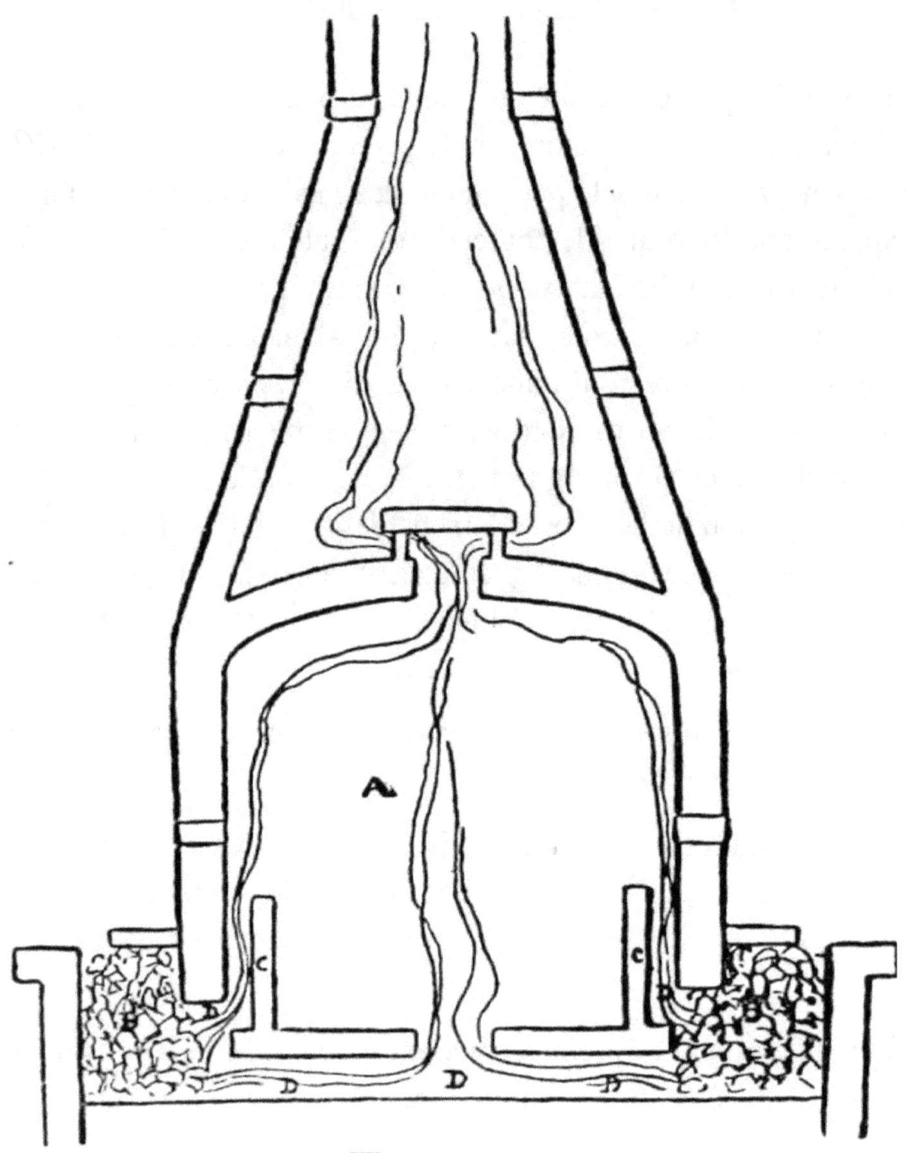

FIG. 44

A est la chambre de la poterie.

BB les boîtes à feu.

CC les plaques de cheminée.

DDDDD le passage et les sorties par lesquels la chaleur entre dans le four.

102

De nombreux fours actuels ont une forme presque identique à celle utilisée par les premiers Grecs. Le four joue un rôle si important dans la mise au point d'un morceau de poterie - en y mettant la touche finale: le contact qui fera ou gâchera - que le potier se rend compte qu'il doit planifier, avant toute autre chose, soit posséder un bon four, soit sachez-en un où ses pièces peuvent être envoyées pour être tirées. À moins que l'on ne souhaite faire de la poterie à grande échelle, en tant qu'entreprise, les dépenses et le soin de posséder son propre four sont inutiles. Il y a des fabricants de poterie d'art à proximité des principales villes qui, pour un montant raisonnable, tireront admirablement leurs pièces, et avec beaucoup moins de risques qu'un amateur ne pourrait le faire. faites-les, c'est-à-dire à condition que l'on utilise le même type d'argile que celui utilisé par les propriétaires du four où la poterie doit être cuite. Sinon, cette argile peut généralement être achetée à la poterie prête à l'emploi à de légers frais. Même si l'on peut ne pas se soucier d'assumer le coût et la responsabilité de posséder un four, il peut être intéressant de savoir quelque chose sur la construction des fours et comment ils font leur travail.

LE KILN À FEU OUVERT

Le four à feu ouvert est préféré par de nombreux potiers. De tels fours sont utilisés depuis des générations par les potiers en Angleterre; et pour les articles nécessitant une cuisson intense, ils se sont révélés les plus fiables. La Fig.44 montre le dans terior de l'un de ces fours, et Fig.45 le plan au sol. A partir de ces schémas, on peut se faire une idée du principe de fonctionnement de ces fours. Ce four est principalement construit en briques réfractaires et devrait être couvert pour plus d'une raison. Premièrement, il n'y a pas de risque de gel si le four est fermé par un bâtiment en bois, et il est alors plus pratique pour le potier de faire son travail là où il n'est pas exposé aux intempéries.

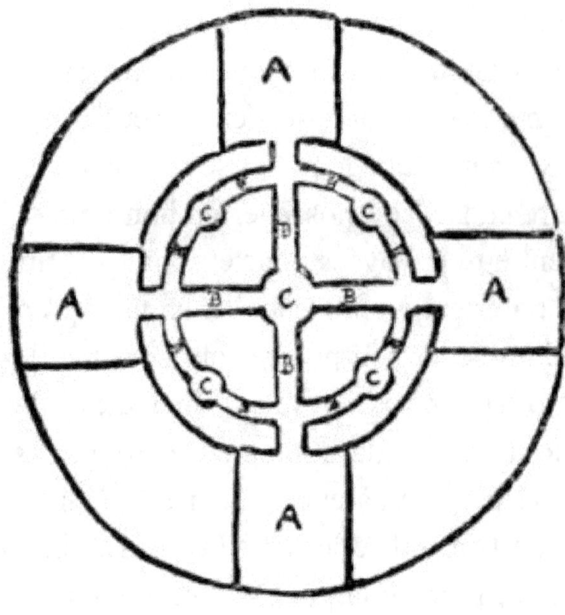

FIG. 45

BBBBBBBBBBBB les passages pour l'air chaud.

CCCCC les sorties pour l'air chaud.

Le four est circulaire, construit sur une fondation en brique ou en pierre, et renforcé par des bandes de fer forgé. Sur les quatre côtés de la chambre centrale, où la poterie est placée, se trouvent des boîtes à feu où le charbon est acheminé vers une grille sous le niveau du sol de la chambre. L'air chaud des foyers trouve deux sorties, l'une par une évacuation directe, à proximité de la boîte, l'autre par un passage et à l'extérieur au centre du plancher. Dans la chambre centrale sont empilés les affaissements - grande circulaire des boîtes ou des tambours en argile réfractaire - qui contiennent tous, si possible, de la poterie, mais, qu'ils soient pleins ou vides, ils doivent remplir la chambre, car leur argile retient et dégage de la chaleur qui autrement serait perdue. Le bureau des affaissés est de protéger les pièces de poterie du contact direct avec la flamme, la fumée et les cendres du feu.

La chaleur des boîtes à feu, si elle se précipitait directement dans le four, ferait brûler les morceaux près du fond de la chambre trop fort, donc des dalles de briques réfractaires, appelées plaques de feu, sont disposées de manière à envoyer la chaleur (voir Fig. 44). Il passe alors entre les affaissements (qui, empilés les uns sur les autres, forment des conduits pour améliorer le tirage), passe au niveau de l'ouverture supérieure. Cette ouverture, comme on le verra sur la figure 44, a une dalle supportée par des briques au-dessus d'elle pour contrôler le tirage. La chaleur s'échappe par le cône, et donc par la cheminée. Le cône est fait de briques ordinaires et son bureau est d'aider le projet. Il existe un autre type de four similaire à ce modèle, sauf qu'il a un tirage vers le bas. L'air chauffé, en s'échappant, passe par une ouverture dans le sol, le long d'un passage horizontal, de haut en bas. Cela maintient la chaleur dans le four plus longtemps, mais cela confine également les gaz, qui affectent la couleur de la vaisselle de sorte que ce n'est pas pratique pour la poterie d'art.

Vu de l'extérieur un jour où le four est en cours de remplissage, son aspect est bien différent. À l'intérieur de la grande chambre en briques, des ouvriers empilent les affaissements remplis de pièces de poterie, dont certaines, pas encore emballées, se trouvent sur des tables proches. Ils ont l'air pâle et pâle, vert grisâtre pâle ou gris plombé. Ce n'est qu'après avoir senti la chaleur féroce du four qu'ils brillent de vert vivant ou que la beauté de leurs bleus apparaîtra. Le jaune presque orange semble n'être qu'une couleur crème profonde avant d'être cuit. Ensuite, il y a des morceaux d'argile verte ou non cuite à cuire dans le biscuit, c'est-à-dire sans glaçure. Ceux-ci sont placés dans une autre partie du four.

Juste un mot sur les affaissements. Ces énormes boîtes brutes d'argile brûlée, dont on a déjà parlé du bureau, sont parfois sans fond, simplement des anneaux. Si un affaissement est trop bas pour contenir un morceau qui y est placé (comme c'est souvent le cas), on peut construire la boîte d'argile à la hauteur requise avec les affaissements sans fond. Entre chaque deux affaissement, des rouleaux d'argile sont posés (enroulés autour du bord) pour les maintenir ensemble. Lorsque le four est enfin rempli de ses piles de saggers, la porte est maçonné et le feu a commencé. Le four à feu ouvert nécessite la meilleure partie de trois jours pour le terminer. Le premier jour, il est rempli de poterie et le feu a commencé. Lors de la cuisson d'un four, la chaleur doit être augmentée très lentement. Toute cette nuit-là, le feu est surveillé et alimenté, car il doit être maintenu à la température requise, car s'il baisse ou, comme disent les potiers, «glisse», la glaçure est gâtée et la poterie doit être reglacée et cuite. encore. Le temps affecte le four, le tirage n'étant pas aussi bon un jour humide ou pluvieux que par beau temps; et le charbon doit également ment être spécialement choisi pour le four. Il faut plusieurs tonnes pour allumer un four, de sorte que le succès ou l'échec d'une cuisson n'est pas une mince affaire. Le deuxième jour, il faut accorder beaucoup d'attention à la poursuite du feu, et vers la tombée de la nuit, les guides sont dessinés comme suit:

A des distances égales autour du four se trouvent quatre peep-trous - de petites ouvertures rondes au niveau de l'œil, qui sont fermées par un tube cylindrique ayant une extrémité transparente en amiante. Dans l'éblouissement du four, directement sur une ligne avec ces peep-trous, on peut voir une rangée d'anneaux d'argile, qui ont été enduits de glaçure avant le début du feu. Après avoir retiré le cylindre qui ferme le trou, le potier court dans une longue tige de métal, avec un crochet au bout, attrape une bague et la retire. Il peut dire à partir de l'apparence de cet anneau, ou guide, comment le four cuit et quand les pièces seront cuites. Habituellement, ils sont terminés cette nuit-là, mais le four n'est ouvert qu'après avoir refroidi pendant plusieurs heures.

LE KILN À MUFFLE

Le four à moufle est illustré à la Fig.46.

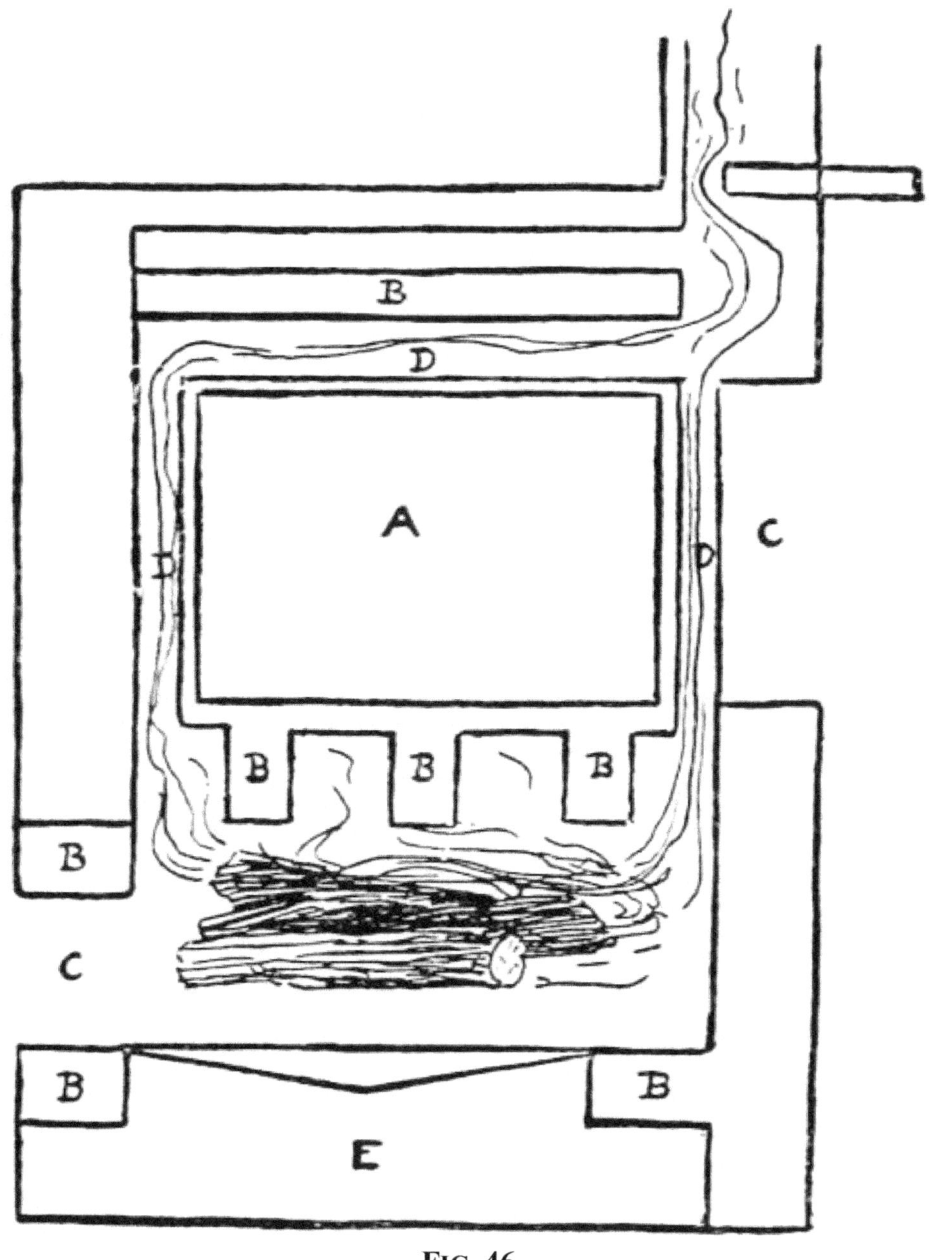

FIG. 46

A est la boîte à moufle ou la chambre pour la poterie.

BBBBBBB sont les arcs supportant la boîte et d'autres parties du four.

CC Les portes où le combustible et la poterie sont respectivement placés.

DDD Les passages pour l'air chauffé.

E Le cendrier.

Celui-ci tire à un faible degré de chaleur, comparé au four à feu ouvert. Il est principalement utilisé pour la poterie sous glaçure et pour le glaçage. Dans ce four, le feu ne pouvait pas entrer en contact direct avec la vaisselle, de sorte que les affaissements sont inutiles; au lieu de cela, il existe un système d'étagères sur lesquelles la poterie est placée. Le combustible, qui peut être du bois, est acheminé par une porte sur un côté de la partie inférieure du four, avec un cendrier en dessous. Un arc en brique supporte la boîte à moufle ou la chambre où la poterie est placée. Sur le côté opposé à la porte du four se trouve l'ouverture par laquelle les pièces sont introduites dans le four. Ceci est soigneusement maçonné avant le début du feu. L'air chaud passe à travers un passage s'étendant sur tous les côtés et au-dessus de la boîte, et la sortie est au-dessus de la porte où la poterie entre. Une dalle s'étendant presque à travers cette sortie contrôle le tirage.

CHAPITRE X : POTERIE RECOUVERTE DE PANIER

Il y a toujours eu un lien étroit entre la poterie et la vannerie. Ceux qui étudient l'artisanat indien apprennent que la poterie est issue de la vannerie il y a longtemps. Neltje Blanchan suggère que cela s'est peut-être produit d'une manière comme celle-ci: «Peut-être qu'un chasseur est rentré chez lui affamé un jour ... et sa femme, soucieuse de hâter le dîner pour son seigneur impatient, a enduit son panier de cuisine d'argile pour qu'elle puisse placez-le directement sur le feu sans risque de brûlure. Imaginez la surprise et la joie de la femme de découvrir, en la retirant des braises après le dîner, qu'elle avait un panier et un pot en terre cuite!

Les deux métiers se sont entraidés depuis ce jour jusqu'à ce jour. La femme indienne suspend son pot de cuisine en terre avec des bobines de vigne sauvage, que jamais elle enduit d'argile humide quand les flammes sont trop proches. Les artisans japonais enchevêtrent leurs pots de poterie avec des tiges de wistaria pour les protéger de la casse, ou les suspendre contre le mur, où des plantes en croissance ou des vignes traînantes peuvent les remplir jusqu'à déborder. Même le petit pot de gingembre que l'on achète pour quelques centimes dans Chinatown a son étui et sa poignée de canne souple.

Des choses charmantes peuvent être faites pour embellir sa propre maison ou celle d'autrui si l'on connaît quelque chose des deux métiers. Quelques-uns d'entre eux sont décrits dans les pages suivantes:

Bol en poterie indienne suspendu avec du raphia

Matériel requis :

Un bol en poterie indienne en blanc et rouge indien, 6 pouces de diamètre en haut,

Un bouquet de raphia rouge indien,

Un anneau de rideau,

Une aiguille à tapisserie n ° 18.

Celui qui a confectionné des chapeaux en raphia avec les nœuds que nos mères appelaient macramé au début des années quatre-vingt, verra d'un coup d'œil sur l'assiette comment se façonne le réseau de raphia qui renferme ce bol. Le bol est la première considération. Il peut être acheté dans un magasin indien pour environ un dollar; ou, si l'on préfère, on peut modeler son propre bol d'argile pour pot de fleurs. Dans ce cas, cependant, le fond blanc qui est si efficace dans la vaisselle indienne sera manqué.

POTERIE AVEC PANIER

Le pot suspendu à parois droites à gauche était autrefois l'oreiller d'une femme chinoise. A côté se trouve un bol vert de poterie espagnole, fermé et suspendu avec du rotin vert. Le petit pot ci-dessous est une pièce flamande, recouverte de rotin vert pâle. Ci-dessus, un bol indien, recouvert de raphia noué. Le bol de plantes à trois anses sur la droite a un glacis mat gris-vert. Il est suspendu avec des cordes en raphia.

Pour commencer: Enfilez une aiguille à tapisserie n ° 18 avec un fil de raphia rouge indien. Tordez l'extrémité trois ou quatre fois autour du milieu et de l'index de la main gauche, et couvrez le petit anneau ainsi réalisé avec des points de boutonnière. L'anneau doit avoir environ un pouce de diamètre.

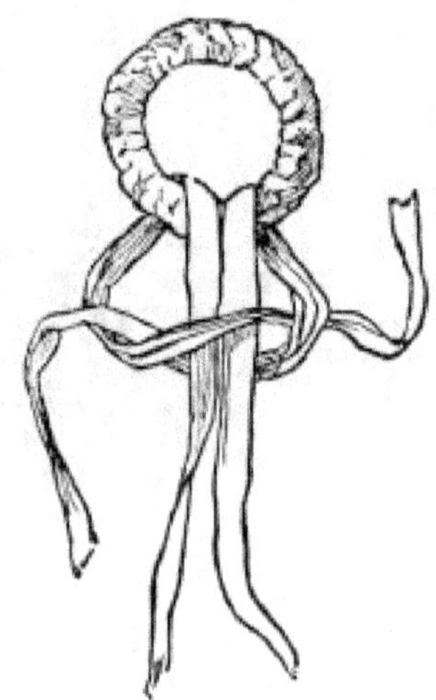

FIG. 47

Terminez l'extrémité du raphia en cousant plusieurs points à travers et à travers l'anneau. Épinglez cette bague sur un coussin sur les genoux ou sur un objet ferme et mou à portée de main. Prenez deux brins de raphia, doublez-les autour de l'anneau, et avec les quatre extrémités faites ainsi nouer un nœud de Salomon comme suit: Tenez les deux brins supérieurs droits et tendus. Pliez le brin inférieur sur la gauche à travers eux vers la droite (voir Fig.47), et amenez le brin inférieur à droite sur l'extrémité du brin gauche, l'arrière des brins du milieu et à travers la boucle faite par le brin gauche au démarrage. Une autre paire de brins est nouée de la même manière, et une autre, jusqu'à ce qu'il y ait treize groupes autour de l'anneau. Commençant n'importe où sur le ring, les brins à droite d'un groupe sont amenés à côté des deux à gauche du groupe à droite de celui-ci, et la paire médiane des quatre est maintenue tout droit, tandis que les brins à droite et à gauche sont noués dessus comme déjà décrit. Ce nœud doit être d'environ un demi-pouce de ceux de la rangée précédente. Faites un double nœud cette fois, c'est-à-dire répétez le processus déjà décrit. Prenez le brin qui était à gauche après le premier nœud, amenez-le par-dessus les brins du milieu vers la droite, et après avoir amené le brin de droite sur l'extrémité du brin de gauche et l'arrière des brins du milieu, passez-le à travers la boucle faite par le brin gauche au départ. Les deux brins à droite du groupe de droite sont ensuite noués de la même manière avec deux à gauche du groupe suivant à droite,

Cinq rangées de plus de ce nouage sont faites, chaque rangée étant à un demi-pouce de la précédente, sauf la cinquième, qui est à trois quarts de pouce du quatrième. Maintenant, rassemblez tous les brins de trois groupes à un pouce et trois quarts de la dernière rangée de nœuds. Tenez l'un des trois groupes du milieu tendu et attachez les brins à droite129 et laissé dessus dans un nœud de Salomon. Faites un autre nœud près du premier, et un autre, jusqu'à ce qu'il y en ait sept, l'un en dessous de l'autre. Trois autres groupes sont réunis à un pouce et trois quarts de la dernière rangée de nœuds, et attachés de la même manière. Puis trois autres. Le quatrième groupe contiendra quatre groupes de brins (car il y avait treize groupes en tout au départ). Deux de ces groupes, ceux du milieu, sont tendus, et ceux de gauche et de droite sont liés à ce double groupe comme les autres. Puis, en prenant les longs bouts de l'une de ces grappes, attachez-les à nouveau à trois nœuds de Salomon à un pouce et trois quarts du septième nœud. Ils sont ensuite ramenés tout droit sans nouer, sur deux pouces de plus, lorsque deux nœuds sont faits. Pour deux pouces et trois quarts de plus, ils sont apportés sans nouer, puis attaché et enroulé autour d'un grand anneau - un vieil anneau de rideau d'environ deux pouces de diamètre fera l'affaire. Lorsque les quatre grappes ont été nouées de la même manière et que les extrémités de toutes ont été solidement fixées à l'anneau du rideau, l'anneau est soigneusement recouvert d'un point de boutonnière en raphia et une reliure en raphia d'environ un demi-pouce de large est faite juste en dessous de l'anneau, où les brins y sont attachés.

Pot de poterie vert inclus et suspendu avec rotin brun

Matériel requis :

Le pot de poterie: environ 2 livres et demi d'argile,

Les outils de modelage en bois,

L'outil rectangulaire en tôle d'acier,

L'outil en acier pointu,

Un bol de barbotine,

Une petite éponge,

La couverture du panier: environ six longueurs de rotin brun foncé n °
4,

Un morceau de fil fin mais solide de 24 pouces de long,

Une paire de pinces,

Un bouquet de raphia brun foncé.

Autour du pot suspendu pittoresque et attrayant dont celui-ci est copié, se tisse un conte aussi curieux que sa couverture de brindilles brunes nouées. C'est ceci: le pot rectangulaire vert, qui ressemble à une boîte de poterie, était autrefois le cercueil dans lequel une dame chinoise gardait ses pommades et ses parfums. Quand elle dormait, sa tête, qui avait été habillée le plus minutieusement avec les pommades susmentionnées, était posée sur cette même boîte de poterie pour un oreiller - un autre exemple de la douleur de l'orgueil en Chine!

Comme la petite Chinoise penserait étrange que nous utilisions comme nous son oreiller de terre - pour un pot de fleurs suspendu! Qui l'a recouvert de brindilles de wistaria nouées? Je devrais soupçonner que c'était un peu habile-fingered japonais - bien que le pot ait été acheté à Hawaï.

Ce ne sera pas très difficile à copier. Il y a d'abord le pot en forme de boîte à fabriquer. Un fond rectangulaire est découpé dans une masse d'argile bien travaillée après avoir été tapoté à plat avec la main et roulé avec le rouleau à pâtisserie. Il devrait être de cinq pouces par trois pouces et demi, ce qui permet de rétrécir un pouce de longueur et de largeur. Sur cette fondation, des bobines d'argile sont construites, comme décrit dans les chapitres précédents, ce qui les rend plus minces, cependant, que d'habitude - pas plus d'un quart de pouce d'épaisseur. Au fur et à mesure que les murs sont construits, ils doivent être soigneusement finis à l'intérieur et à l'extérieur, en les gardant droits et fidèles dans les coins, ainsi que de tous les côtés. Lorsque le bocal mesure sept pouces et quart de hauteur, le dessus est fait même à l'oeil et perfectionné sur la dalle de verre dépoli, comme décrit au chapitre II. Un morceau d'argile rectangulaire est ensuite roulé et coupé de la taille du fond; une pièce ovale d'environ deux pouces sur trois est découpée au milieu, avec l'outil en acier pointu, et elle est laissée sur une plaque de plâtre pour se rigidifier pendant une demi-heure. Le bord supérieur du pot est ensuite sillonné avec l'outil en acier pointu et mouillé de glissement, et ce sommet plat y est attaché habilement et soigneusement. Après un séchage de plusieurs heures, il peut être fini avec l'outil en tôle d'acier, la forme perfectionnée et la surface humidifiée avec une éponge et polie avec les doigts. Lorsqu'il a séché pendant plusieurs jours, il est recouvert d'une glaçure verte brillante et cuit.

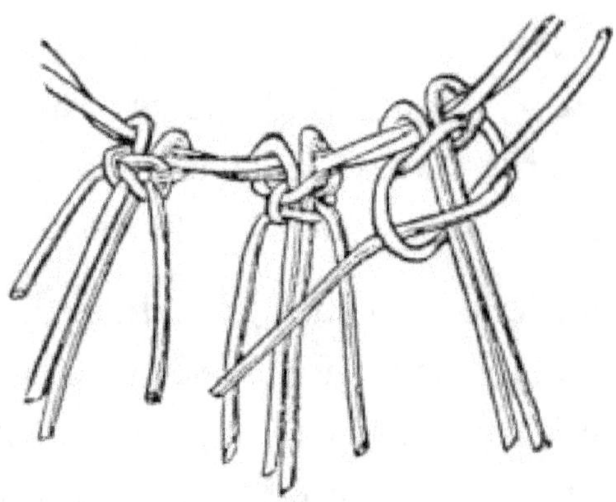

FIG. 48

Le revêtement en rotin noué est fabriqué comme suit: Six longueurs pliables de rotin brun n ° 4 sont nécessaires pour cette couverture. Ils doivent être soigneusement sélectionnés, car comme ils doivent être attachés, ils doivent, lorsqu'ils sont mouillés, être presque aussi souples que la corde. Il n'est pas difficile de les trouver aussi doux que cela, surtout après avoir été teints. Au début, une longueur de rotin qui a été mouillée jusqu'à ce qu'elle soit molle est attachée autour du pot à environ un demi-pouce du haut. La longue extrémité est tordue une fois autour de cet anneau de fondation. Cela peut être fait hors du pot si c'est plus facile. Lorsque l'anneau a été replacé sur le pot, deux morceaux de rotin très souple d'environ soixante pouces de long sont doublés autour de l'anneau au milieu de l'avant du pot et noués dans un nœud de Salomon, comme déjà décrit (voir Fig.47). La deuxième partie du nœud, cependant, n'est pas liée comme le raphia l'était lors de la fabrication du revêtement noué pour le bol indien. Au lieu de cela, l'extrémité qui se trouve à droite après que le premier nœud a été noué est amenée à gauche, au-dessus des brins du milieu, et celle de gauche, venant vers le bas sur son extrémité, remonte des brins du milieu et remonte à travers la boucle gauche en commençant le brin droit (voir Fig.48). Une autre paire de brins de même longueur est nouée de cette façon autour de l'anneau au milieu du dos du pot, et une paire à chaque extrémité. Les brins à droite du nœud au milieu

116

du devant sont ensuite amenés à côté de ceux à gauche du groupe à l'extrémité droite, et ceux-ci sont noués comme il vient d'être décrit, à environ un pouce et trois quarts de la première rangée , et au coin du pot. Les brins restants du groupe à l'extrémité droite sont noués avec ceux à gauche du groupe au milieu du dos, et ainsi de suite autour du pot. Il y aura alors quatre nœuds, tous à un pouce et trois quarts de la première rangée, et chacun à un coin du pot. Trois autres rangées de nœuds sont faites de la même manière, puis les quatre extrémités restantes à l'avant et à l'arrière après que la cinquième rangée de nœuds a été faite sont mouillées avec du chaud. Arrosez jusqu'à ce qu'ils soient très souples et attachés ensemble sous le pot. Ceux des côtés sont liés de la même manière et au même endroit. Toutes les extrémités sont liées solidement juste en dessous de ces nœuds avec du fil fin, et au-dessus d'une bande de raphia d'un pouce de large. Les extrémités sont coupées de longueurs irrégulières, la plus longue ne dépassant pas quatorze pouces du fond du bocal.

Une poignée est alors réalisée comme suit:

Un morceau de rotin brun souple, n ° 4, d'environ deux mètres de long, est mouillé jusqu'à ce qu'il soit mou et passe autour du nœud le plus proche du sommet à une extrémité du pot. Les extrémités sont réunies et torsadées sur toute leur longueur. À l'extrémité opposée du pot, ils sont amenés autour du nœud le plus proche du sommet, retournés et fermement liés à la poignée avec un morceau de fil, qui peut ensuite être recouvert d'une reliure de raphia.

Prenez soin de sécuriser cette reliure métallique, car c'est là que la plus grande tension vient. C'est dans de tels endroits que les artisans orientaux montrent leur supériorité. Leurs fins, ainsi liées, sont tenues de rester, tandis que les nôtres glissent parfois.

Pot de poterie flamande avec rotin vert pâle

Matériel requis :

Un pot de poterie flamande, 4 pouces de haut, 2½ pouces de diamètre en bas et 1 pouce en haut,

Environ six longueurs de rotin vert n ° 00.

Un petit pot de poterie flamande pittoresque, charmant par sa forme et sa couleur, est la base de cette pièce. Cet article, qui vient de nous être connu, est intéressant à bien des égards. Tout d'abord, pour elle-même, les formes attrayantes: chandeliers, bols, cruches, bocaux et carreaux ont tous le cachet de l'individualité, rare dans tout article à la portée du sac à main moyen. Les couleurs sont magnifiques - verts et bleus profonds, bruns doux et orange terne pour la plupart. Certaines des pièces sont fabriquées par des écoliers belges, d'autres dans des poteries créées par un club d'hommes en Belgique, adeptes de Ruskin, qui ont relancé l'artisanat, n'employant que des Belges pour concevoir et mouler la vaisselle. Les anciennes méthodes sont scrupuleusement suivies - les pièces sont fabriquées à la roue et non formées dans des moules. Une grande partie de la décoration est faite par des garçons, qui font une image charmante,

Le tissage à mailles ouvertes du rotin vert pâle avec laquelle ce bocal est enfermé ne voile que légèrement la couleur de la glaçure - vert foncé à la base, ombragée en bleu jusqu'à un doux brun-souris au sommet. Le revêtement est réalisé comme suit:

Une extrémité d'un morceau de rotin vert n ° 00 de vingt-sept pouces de long est attachée à un anneau de deux pouces et demi de diamètre. Autour de cet anneau de fondation, l'extrémité longue du rotin est tordue vers l'intérieur et l'extérieur jusqu'à ce qu'il ait fait le circuit deux fois - trois fois, en comptant l'anneau de fondation. Certaines longueurs très souples de rotin vert n ° 00 sont coupées en vingt morceaux de trente-deux pouces de long. Ils sont mouillés jusqu'à ce qu'ils soient assez

118

doux, puis deux d'entre eux sont doublés autour de l'anneau et attachés avec un nœud de Salomon (voir Fig.47). Une autre paire est doublée et nouée sur l'anneau, et une autre, jusqu'à ce que dix groupes aient été attachés à intervalles autour de la circonférence. En commençant par l'un des groupes, les deux brins à droite sont amenés à côté des deux à gauche du groupe à droite de celui-ci, et noués ensemble comme décrit à la page 132, à trois quarts de pouce du premier. rangée de nœuds. Les deux brins restants du groupe de droite sont amenés à côté de ceux de gauche du groupe suivant vers la droite, où un autre nœud est fait, et ainsi de suite, jusqu'à ce que le circuit soit terminé. Plusieurs rangées de nœuds sont faites de la même manière, à trois quarts de pouce de celles de la rangée précédente. L'ensemble du réseau est ensuite complètement mouillé et ajusté sur la partie inférieure du pot, en l'attachant si nécessaire, pour mouler le rotin à la forme. À environ un pouce et demi de la dernière rangée de nœuds, une rangée de paires est faite avec une pièce très souple de rotin vert n ° 00. Pour le bénéfice de ceux qui ne connaissent peut-être pas ce simple tissage de panier, les instructions suivantes sont données:

En tenant le pot avec son revêtement partiel en rotin à l'endroit, tirez les extrémités des brins restants après que la dernière rangée de nœuds ait été nouée, rapprochez-vous des côtés du pot. Doublez la pièce pliable de rotin n ° 00 autour d'une paire d'extrémités qui formaient les brins médians de l'un des nœuds. Prenant la moitié supérieure de la pièce, qui semble venir de derrière les deux brins (à leur gauche), amenez-la sur eux, sous la paire suivante et devant. Maintenez enfoncée, avec la main gauche, l'extrémité que vous venez d'utiliser, tandis qu'avec la droite, amenez l'autre extrémité (qui était à droite de la première paire de brins) sur la prochaine paire de brins à droite et sous la suivante. Il est maintenant maintenu à l'avant, tandis que le processus est répété - en prenant toujours l'extrémité gauche pour tisser.

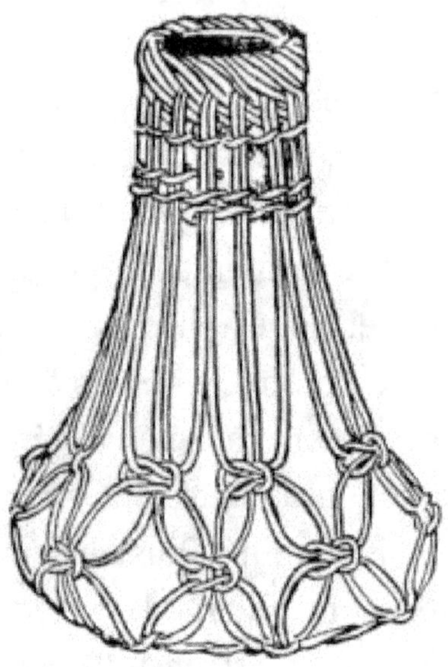

FIG. 49

Les brins doublés, ou rayons, sur lesquels ces points sont tissés, doivent être rapprochés, jusqu'à pas plus d'un seizième de pouce l'un de l'autre, afin qu'ils s'accrochent au pot. Lorsque le circuit du pot est réalisé, une autre rangée est tissée. A la fin de cette deuxième rangée les deux brins de tissage sont coupés, de sorte que leurs extrémités reviennent de la dernière paire de brins du circuit. Pendant un demi-pouce, les brins sont tirés vers le haut du pot sans tissage; puis, une rangée de plus de l'appariement est faite, et après avoir soigneusement mouillé les extrémités des brins verticaux, la bordure suivante est tissée: Amenez chaque paire de brins sur les trois suivants à droite sous les deux suivants et à l'extérieur du pot. Tout le circuit de la frontière est fait de cette manière, ne laissant que la première partie lâche et ouverte, afin que les derniers brins puissent être tissés facilement. Une fois terminé, la bordure est à nouveau mouillée et son bord rendu uniforme et fidèle, sur une ligne avec le haut du pot ou légèrement au-dessus. Les extrémités des brins sont ensuite coupées près du pot, afin de permettre à chacun de s'allonger du dernier brin sous lequel il est passé. Si le couvercle se détache du pot -

ne colle pas comme il se doit, il doit être complètement mouillé et lié avec de la ficelle ou du raphia, et fermement attaché jusqu'à ce qu'il soit sec. La figure 49 montre le revêtement terminé.

Bol en poterie verte avec couvercle et poignées en rotin vert

Matériel requis :

Un bol en poterie verte de 5½ pouces de diamètre au bord supérieur et 3¼ au fond,

30 morceaux de rotin n ° 00 vert pâle de 48 pouces de long,

2 longueurs de rotin n ° 00 vert pâle.

Ce bol vert, recouvert d'un revêtement noué de rotin vert pâle, peut être utilisé comme pot de fleurs suspendu ou pour fleurs coupées. L'original était un morceau de poterie espagnole d'un vert profond, mais si l'on peut fabriquer le bol, tant mieux - tant que les dimensions sont celles indiquées ci-dessus. Au début, quinze pièces de rotin vert n ° 00 qui ont été mouillées jusqu'à ce qu'elles soient assez molles et souples sont posées côte à côte dans un groupe qui est doublé en son centre, et les extrémités attachées solidement ensemble, à environ deux pouces de l'endroit où il a été doublé . Un groupe d'extrémités, contenant quinze pièces, est rendu plat et uniforme, puis séparé en trois groupes de cinq morceaux chacun et tressé dans une tresse à trois brins de dix pouces et demi de long. Il est ensuite lié solidement. L'autre groupe est séparé et tressé de la même manière, en gardant les brins plats et le tressage serré et uniforme. Quinze autres morceaux de rotin de la même taille et de la même longueur (qui ont été mouillés jusqu'à ce qu'ils soient pliables) sont maintenant passés à travers la boucle faite en doublant les autres morceaux, pliés au milieu et attachés comme les autres, à deux pouces de l'endroit où ils ont été doublés.

Les extrémités de ces pièces sont également tressées en deux tresses sur dix pouces et demi, puis attachées fermement.

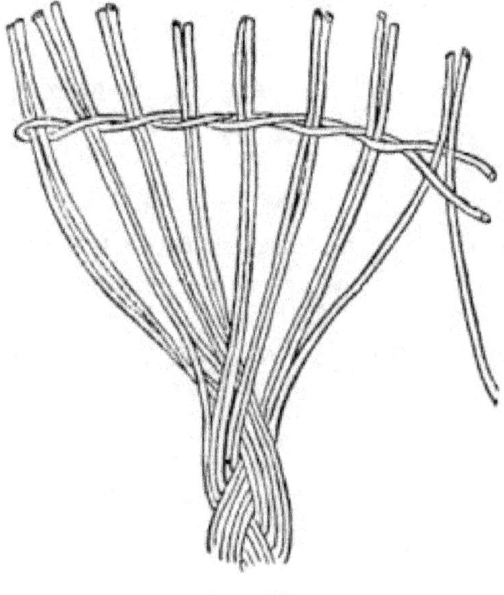

FIG.50

En tenant les tresses de manière à ce que les extrémités des brins se retournent, et en commençant à environ deux pouces de l'endroit où le tressage s'arrête, une pièce pliable de rotin n ° 00 est doublée autour de la paire d'extrémités à gauche de l'un des groupes, et est tissé en appariement sur ces extrémités et celles qui leur succèdent - en les séparant d'environ un demi-pouce. Comme il y a un nombre impair d'extrémités dans chaque groupe, la quinzième est amenée à côté de la première extrémité dans le groupe suivant, et l'appariement tissé dessus (voir Fig. 50). Ainsi il continue, jusqu'à ce que le circuit soit fait, lorsque le bol est monté dans l'anneau (les poignées tressées, bien sûr, se retournant; et l'anneau environ un pouce sous le haut du bol). Si l'anneau est trop lâche, les points peuvent être mouillés et légèrement tirés; s'ils sont trop serrés, ils sont mouillés et étirés. Deux autres rangées sont tissées avec les poignées tournées vers le bas; alors le travail est inversé, de sorte que les fins inachevées doivent baisser. Les extrémités sont mouillées jusqu'à ce qu'elles soient molles et flexibles, et à trois quarts de pouce de la dernière rangée de paires, elles sont liées en une rangée des nœuds décrits à la page 132. Une deuxième rangée de nœuds est faite à un pouce du premier . Le boîtier est ensuite monté sur le bol et mouillé si nécessaire afin de le mouler pour épouser la forme. Tournez le bol à l'envers et à un demi-pouce de la dernière rangée de nouage, doublez un morceau de rotin n ° 00 autour d'une paire d'extrémités n'importe où sur la circonférence du revêtement et tissez une rangée de paires, en tirant les extrémités du brins dans, pour s'adapter au fond du bol. Cela les amènera à environ trois huitièmes de pouce de distance. Une autre rangée d'appariement est tissée, puis une base se fait comme suit: une fois que les extrémités ont été mouillées jusqu'à ce qu'elles soient pliables, commencez par l'une des paires, en l'amenant au-dessus de la première paire à droite, sous la seconde, au-dessus de la troisième et sous la quatrième, en prenant soin de laisser le base lâche et ouverte là où elle commence, afin que les derniers brins puissent être facilement tissés (voir Fig. 51). La prochaine paire d'extrémités à droite est tissée de la même manière sur la première à sa droite, sous la seconde, sur la troisième et sous la quatrième. Ainsi, cela continue autour du bol jusqu'à ce que le temps vienne de tisser les derniers brins, ce qui ne sera pas difficile si la prudence en ce qui concerne le fait de laisser le début ouvert et lâche a été observée. Lorsque la base est terminée, mouillez-la soigneusement et tirez les brins ou laissez-les sortir jusqu'à ce que le bord soit uniforme et aligné avec le fond du bol. Les extrémités des brins sont ensuite coupées de manière à ce que l'extrémité de chacun se trouve derrière le dernier brin sous lequel elle est passée.

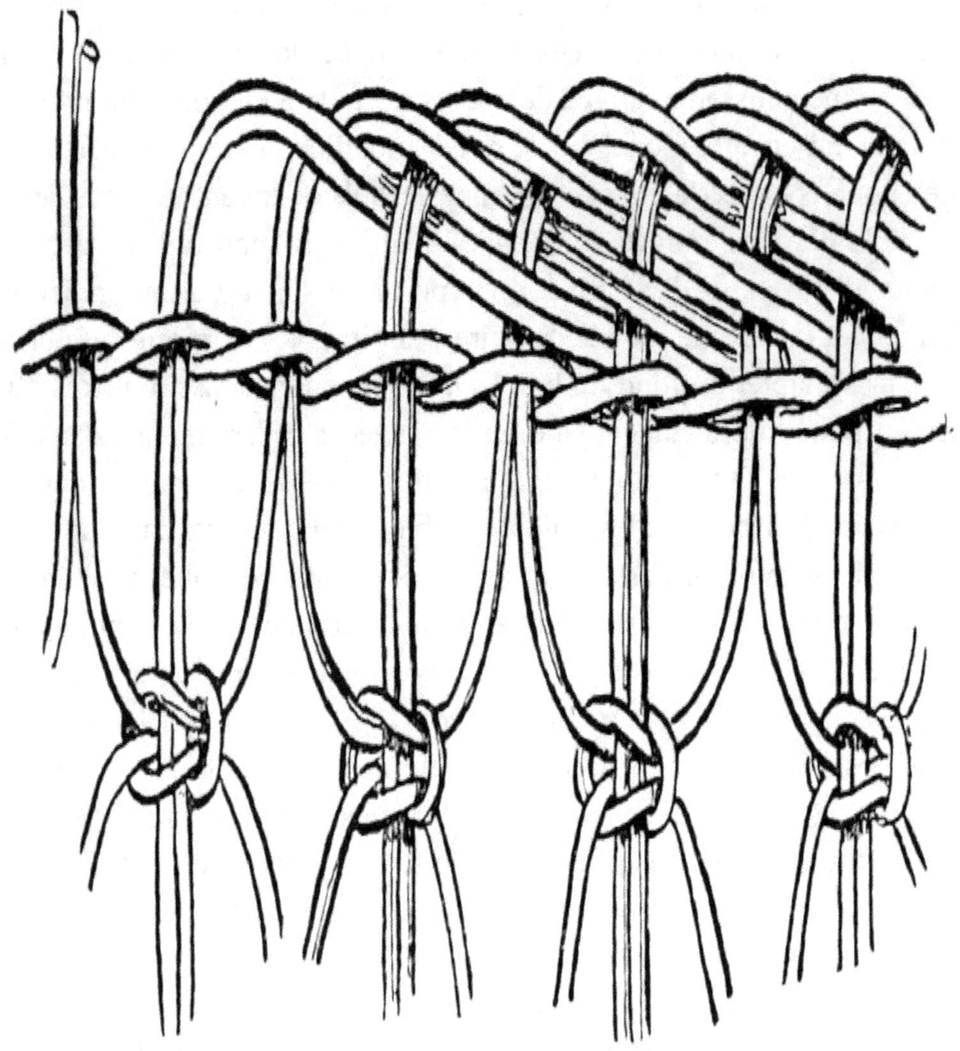

FIG. 51

Bol à trois poignées pour plantes ou fleurs

Matériel requis :

Environ 3 livres et demi d'argile,

Un moule en plâtre pour un bol,

Les outils de modelage en bois,

Les outils ovales en tôle d'acier,

L'outil en acier pointu,

Un bouquet de raphia.

Ce charmant bol pour une plante en croissance ou des fleurs coupées peut être utilisé comme pièce maîtresse sur une table, ou suspendu par une lourde tresse de raphia dans le renfoncement d'une fenêtre ou sur le porche. L'émail mat gris-vert terne avec lequel il est fini s'harmonise délicieusement avec les couleurs des choses en croissance.

Il est formé dans un moule en plâtre en forme de bol de la même manière que le bol rose décrit au chapitre VII. et le bol pour une lampe au chapitre VI., mais le fond est fait d'une épaisseur inhabituelle (trois quarts de pouce) pour permettre de couper, car la forme est aussi près d'un hémisphère que possible, seulement aplatie légèrement au fond.

Lorsque le bol a été construit jusqu'à un pouce, peut-être, du haut du moule, s'il n'est pas profond, libérez la bobine suivante des côtés du moule - presque vertical, en fait. La bobine qui lui succède s'incline très légèrement.

Cela rendra la forme suffisamment profonde. Il est maintenant nécessaire de laisser durcir suffisamment le bol pour qu'il puisse facilement être glissé hors du moule. Les creux entre les bobines, après avoir été mouillés de barbotine, sont remplis d'argile de la consistance du bol. Le bol est à nouveau mis de côté pour durcir, puis lissé et fini, comme décrit dans les chapitres précédents, dans le but de le couper aussi près que possible sous la forme d'une demi-sphère. Une fois que le bord a été coupé aussi près que possible à l'œil nu, il est rendu absolument uniforme par le processus décrit au chapitre II.

FIG. 52

Trois poignées sont coupées dans un morceau plat d'argile d'environ trois pouces de large par seize de long et un demi-pouce d'épaisseur, dans la forme illustrée à la Fig.52, et attachées comme suit: La circonférence du haut du bol est divisée en tiers et marqué avec un outil ou un crayon. Il est alors facile de placer les poignées de sorte que le centre de chacune soit juste au-dessus d'une des marques sur le bord supérieur. Aux points où les poignées doivent être attachées, le dessus du bol est entrecroisé avec l'outil en acier pointu et mouillé de glissement. Les poignées sont ensuite mises en place, et leurs bords travaillés étroitement contre le dessus et les côtés du bol avec le plat de l'ongle. Ils doivent être légèrement incurvés pour suivre les lignes du bol (voir planche).

Une fois que l'intérieur a été glacé avec le mélange brillant mentionné au chapitre V., un vernis mat de vert gris complétera le bol. Les trois cordes de raphia par lesquelles le bol est suspendu sont fabriquées comme suit:

Trente brins de raphia de couleur naturelle sont doublés autour de l'une des poignées, et les extrémités sont tressées dans une tresse à trois brins de douze pouces, où elles sont nouées. Deux autres tresses sont faites sur les autres poignées de la même manière, et quand elles mesurent douze pouces de long, les brins des trois tresses sont réunis en une boucle épaisse.

CHAPITRE XI : POTERIE INDIENNE

Dans aucun autre pays, la poterie primitive ne peut être étudiée aussi facilement que dans le nôtre. A l'intérieur de nos frontières, celui qui creuse peut lire l'histoire du travail de l'argile depuis les premiers jours. Ceux qui se voient refuser cette étude de première main trouveront dans les musées beaucoup de matériel - des bols et des bocaux pittoresques, certains tachés de fumée et craquelés, mais tous merveilleusement bien conservés quand on pense à leur âge. Depuis les pots les plus grossiers, fabriqués par des tribus inférieures, nous pouvons retracer les progrès de l'artisanat progressant progressivement jusqu'à ce que, dans la poterie trouvée au Mexique ou à proximité, nous voyons ce que l'on peut considérer comme les chefs-d'œuvre de l'art céramique américain.

Aux États-Unis, la poterie des tribus Pueblo occupe la première place, et, à proximité, les charmantes marchandises de la vallée du Mississippi et de la côte du golfe.

Il existe de nombreuses tribus qui pratiquent encore le métier, certaines suivant les anciennes méthodes, tandis que d'autres, influencées par l'homme blanc, font articles de peu d'intérêt pour l'étudiant de la poterie primitive. Les Indiens du pays Pueblo utilisent presque les mêmes procédés que ceux des temps anciens.

Fig. 53

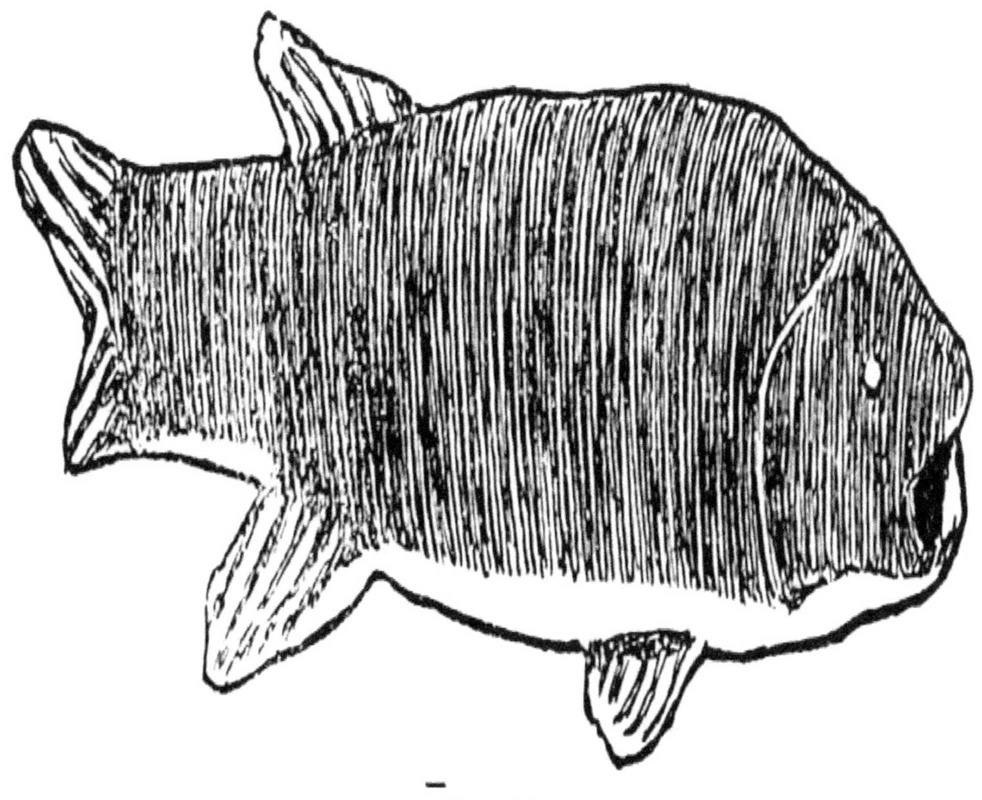

FIG. 54

La poterie des différentes sections du pays varie en matière, forme, couleur et décoration. Que la vaisselle d'une certaine tribu était grossière et imparfait n'indique pas nécessairement que les gens qui l'ont fait étaient inférieurs en culture, mais que les conditions naturelles n'étaient pas favorables à la poterie. Une tribu vivant près des lits d'argile ferait aussi naturellement de la bonne poterie qu'une tribu autour de laquelle les matériaux pour la vannerie poussaient en abondance excellerait dans ce métier. Peut-être, dans l'ensemble, la poterie du Sud est plus avancée que celle des tribus du Nord, probablement à cause de la différence de climat. Alors que les habitants du Nord étaient pour la plupart des chasseurs errants, ceux du Sud étaient plus prospères et restaient à la maison, et auraient probablement plus de besoins que les tribus du Nord, avec le loisir de les satisfaire.

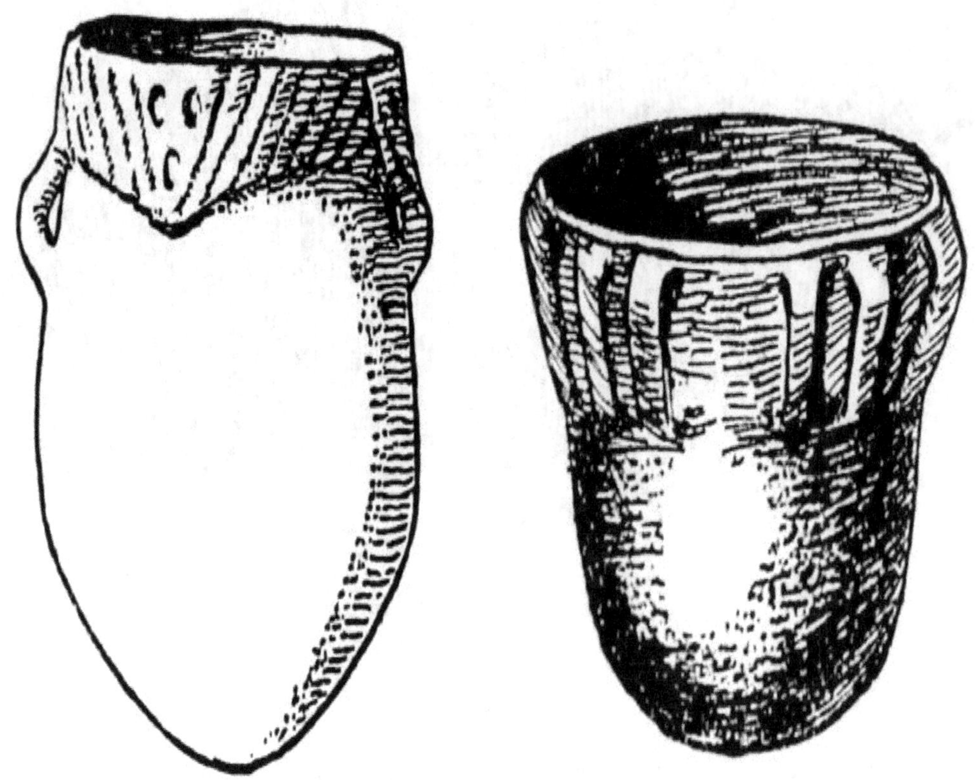

FIG. 55 FIG. 56

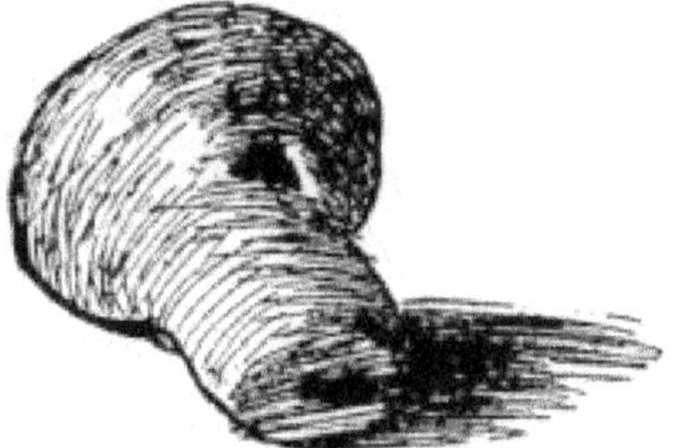

FIG. 57

Quant aux usages auxquels les Indiens mettent leur poterie; la plupart des pièces montrent avec une simple franchise à quelles fins elles ont servi. Dans quelques cas seulement, il y a un doute - notamment certains articles d'argile en forme de bobine, trouvés dans la vallée de l'Ohio. Au début, la poterie était principalement utilisée pour le stockage, la cuisson et le transport de l'eau et de la nourriture; prenant la place, dans une certaine mesure, de récipients en osier, en corne et en pierre. Cela est toujours resté sa fonction la plus importante. Des vases de terre ont été utilisés dans les cérémonies religieuses et autres, et des outils de terre ont souvent été faits, alors qu'il ya, en plus des myriades de tuyaux, une foule de petits vases en argile et des figures qui étaient évidemment des jouets ou utilisés dans les jeux (voir les figures. 53 et 54). Il est intéressant de noter la différence entre nos marmites et celles de ce peuple primitif. Leur base a presque invariablement une base ronde ou en forme de cône (voir Fig.55), ce que le professeur WH Holmes explique était naturel, comme, parmi les nations barbares, les sols durs et plats étaient l'exception, tandis que ceux de sable et de terre molle étaient le règle. Dans ces conditions, la base arrondie serait de loin la meilleure. En mettant le pot au-dessus du feu, le combustible ou d'autres supports le maintenaient en place. Les récipients de cuisson étaient souvent fabriqués avec des poignées courtes et solides (voir Fig. 56) ou un rebord évasé, de sorte qu'ils pouvaient être facilement balancés sur le feu avec des vignes ou des cordes. Dans certaines parties du pays où les Indiens fabriquaient du sel en évaporant l'eau des sources salines, on trouve de grands récipients d'argile en forme de cuve qui ont été évidemment moulés à cet effet. Ils sont particuliers en raison de leur taille et de la grande épaisseur des murs, alors que presque invariablement ils ont, sur la surface extérieure, des marques qui semblent avoir été imprimées avec un tissu tissé.

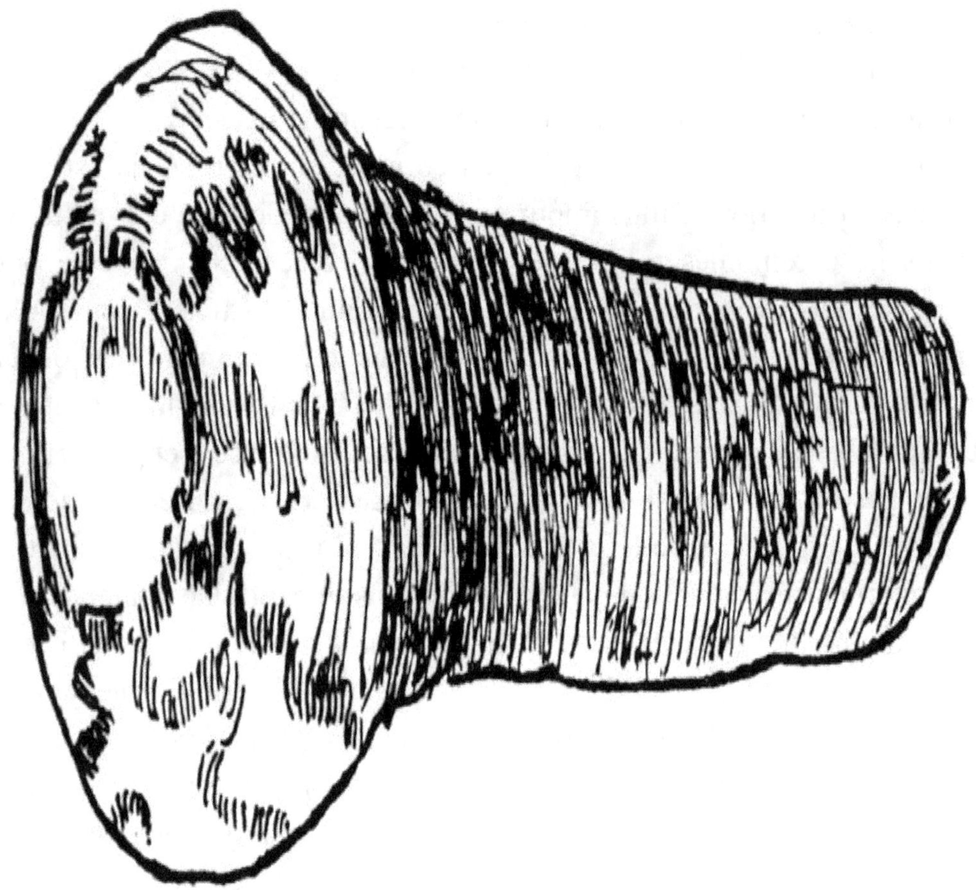

FIG. 58

D'autres Indiens fabriquaient du sucre d'érable, en utilisant des récipients en terre pour collecter et faire bouillir la sève.

Nombre des premiers écrivains parlent de l'utilisation de récipients en argile pour les tambours, et les sifflets et hochets en terre sont courants aujourd'hui (voir les figures 57 et 58).

Un instrument de forme curieuse, un peu comme un champignon, était évidemment un outil de modelage - pour soutenir les murs d'une pièce de poterie partiellement raidie de l'intérieur, tandis que la surface extérieure était finie avec d'autres outils.

Dans la basse vallée du Mississippi, les argiles étaient employées pour enduire les murs des habitations troglodytes, ainsi que pour les sols.

FIG. 59

Comme urnes funéraires, des bols et des vases en poterie étaient souvent utilisés. Pas si souvent, cependant, pour contenir les cendres des morts que pour le crâne et d'autres os, qui étaient entassés dans un seul pot, ou bol, comme c'était courant dans la maison. Celui-ci était recouvert d'un vaisseau plus petit (voir Fig. 59). Parfois, plusieurs de ces bols entouraient et recouvraient les os. Parfois, un cercueil en terre semble avoir été fait spécialement pour l'objectif. On a trouvé, à côté de ces récipients funéraires dans les tombes indiennes, des récipients plus petits pour la nourriture et même des jouets grossiers. Ces derniers étaient généralement des formes animales - des figurines, des images de poissons, de tortues et d'oiseaux. On suppose que ces offrandes ont été faites dans l'espoir d'être au service des morts dans une vie future.

FIG. 60

Contrairement aux Égyptiens, les Indiens utilisaient peu l'argile pour mouler des perles et d'autres ornements personnels. Ils ne la trouvaient évidemment pas assez gaie en couleur, ne connaissant pas le secret des émaux brillants dont les premiers potiers égyptiens enduisaient leurs argiles. Les tuyaux, bien qu'ils soient souvent faits de pierre et d'autres substances, étaient dans certaines parties du pays moulés en argile et avaient une forme allant d'un simple tube à des formes curieuses et grotesques. Ceux fabriqués par les Iroquois étaient particulièrement élaborés - une tête d'animal ou un oiseau a formé le bol, ou un serpent enroulé autour de lui (voir Fig. 60).

FIG. 61

On aurait pensé que, dans la fabrication de leurs pots d'argile, qui étaient principalement destinés à servir des fins utiles, et étaient d'ailleurs quelque peu périssables, aucune attention n'aurait été accordée à la décoration; c'est pourtant loin d'être le cas. Les bols, les tasses et les chaudrons, les pots à eau et les bouteilles (voir les figures 61 et 62) étaient souvent minutieusement incisés avec des motifs magnifiques et complexes. Les formulaires aussi étaient simples et bons.

Le pichet noir sur la droite est de la vaisselle de Santa Clara. À côté se trouve une fontaine à eau ou tenaja fabriquée par un Zuñi.]

POTERIE INDIENNE

Le pichet noir sur la droite est de la vaisselle de Santa Clara. À côté se trouve une fontaine à eau ou tenaja fabriquée par un Zuñi.

L'argile utilisée au début était telle qu'on pouvait la trouver presque n'importe où près de la surface, et par conséquent était pleine d'impuretés. Plus tard, cependant, les argiles propres ont été très recherchées et aucune peine n'a été épargnée pour les broyer et les travailler en bon état. Cela a été fait avec les pieds ou les mains, ou les deux. Au fur et à mesure que l'engin avançait, les potiers ont commencé à tempérer leur argile avec d'autres ingrédients, selon l'usage auquel le navire devait être fait. Par exemple, l'argile pour jouets et les petits récipients n'avaient pas besoin d'être trempés. Les tuyaux étaient faits d'une telle argile, ou d'un trempé avec une substance finement broyée, tandis que les marmites et les chaudrons, qui étaient soumis à une chaleur constante, étaient faits d'argile contenant une grande quantité d'ingrédients de revenu plus grossiers. Certains des agents de revenu étaient de la roche, du sable, des coquilles pulvérisées, des morceaux de poterie cuite au four, des cendres, des cendres d'écorce, et même des matières végétales brutes. La chaleur à laquelle les pièces étaient tirées était rarement assez forte pour changer l'une quelconque des substances minérales de l'argile.

FIG. 62

Lors de la mise en forme des pièces, les doigts faisaient le travail sans aide, sauf là où un panier ou une gourde était utilisé comme moule, ou lorsque des outils simples pouvant être façonnés en argile, en pierre ou en coquille étaient employés. Un morceau de gourde était parfois maintenu contre la paroi intérieure pour le soutenir pendant que la surface extérieure était grattée et lissée avec ces outils grossiers.

Le fond de la pièce était formé soit d'un petit morceau d'argile tapoté et moulé en forme appropriée par les doigts, soit avec l'extrémité d'une bande d'argile qui était enroulée sur elle-même. Quelle que soit la façon dont le fond était commencé, les murs étaient faits de rouleaux d'argile. Les anciens Cliff Dwellers, ou Pueblos, utilisaient cette méthode très habilement. Leurs bandes d'argile étaient découpées et enroulées avec une grande précision, et les bords se chevauchant à l'extérieur faisaient des marques en spirale. Il n'y a aucune preuve de quelque chose comme le tour du potier, l'approche la plus proche étant le panier-moule, qui a probablement été tourné d'une main pendant que la bobine d'argile était appliquée de l'autre.

Les marques de cordons et de tissage que l'on voit souvent sur les surfaces extérieures des pots et des vases indiens étaient probablement faites de tissus souples, qui étaient utilisés pour soutenir la pièce au fur et à mesure de sa formation. Des textures tissées ont également été enroulées sur la main, ou un outil, pour impressionner l'argile humide, et des cordes enroulées autour de pagaies ou d'autres outils ont fait des impressions similaires. Dans certains cas, la surface extérieure a été frottée avec les doigts et le pouce, ou avec une pierre; dans d'autres, la structure de la bobine est clairement visible. Une fois le corps de la pièce terminé, la jante a été perfectionnée et les poignées, les jambes ou d'autres parties en relief ont été appliquées. Celles-ci ont été fabriquées séparément et fixées par pression et frottement.

En décoration, les potiers de chaque tribu avaient des idées différentes, ainsi que des outils et des dispositifs pour les élaborer. Les doigts et les clous étaient utilisés pour produire certains effets, et des outils de toutes sortes étaient fabriqués à des fins spéciales - des outils pointus pour inciser, des outils en forme de gouge pour gratter l'argile et toutes sortes de tampons pour des motifs imprimés. Certains des timbres étaient en forme de palette (comme nous les utilisons pour fabriquer des boules de beurre), d'autres étaient des disques minces avec des bords dentelés, qui étaient roulés sur la surface d'argile molle.

Les motifs incisés étaient peut-être les plus courants, bien que la couleur soit souvent utilisée pour décorer les articles. Ce fut particulièrement le cas dans le pays Pueblo et en Arkansas. Les couleurs étaient le blanc, le marron, le rouge et le noir, et elles étaient principalement de l'argile en poudre, parfois mélangée à des ocres. La surface de la pièce a d'abord reçu un lavage de pâte fine, puis les couleurs, finement broyées et mélangées avec de l'eau, ont été appliquées avec le doigt ou un morceau de roseau. Les dessins étaient généralement réalisés par les femmes. Les cercles et les motifs courbes étaient les plus utilisés, probablement parce qu'ils pouvaient être fabriqués avec une telle liberté, contrairement au processus lent et minutieux de tissage de motifs à angle droit dans des paniers.

FIG. 63

La poterie était séchée à l'ombre, au soleil ou avant le feu, puis cuite plus ou moins complètement. Certaines tribus - les Catawbas, par exemple - faisaient simplement cuire leur vaisselle avant le feu, tandis que d'autres recouvraient les morceaux d'écorce en feu ou d'un autre combustible, les entourant uniformément à l'intérieur et à l'extérieur. Les pièces étaient protégées du contact les unes avec les autres par des morceaux de poterie cassés. Ils ont été soigneusement préservés des courants d'air pendant la cuisson et la première partie du refroidissement, de peur de se fissurer.

Chez les Cherokees, un noir brillant a été donné à la surface intérieure de la poterie par ce qui était connu sous le nom d'étouffement. Lorsque le processus de cuisson, qui vient d'être décrit, a été achevé, le navire161 a été retourné de bas en haut, sur un petit trou dans le sol, qui avait été rempli d'épis de maïs en feu. De temps en temps, le carburant était renouvelé jusqu'à ce qu'en une demi-heure l'intérieur de la pièce devienne noir brillant.

FIG. 64

Il est regrettable que, chez les Indiens, cet art, comme celui de la vannerie, passe. L'avènement de la civilisation a amené des récipients en fer et en étain et de la vaisselle ordinaire pour remplacer les bols, les plats et les tasses, les bocaux et les bouteilles d'argile, si pleins de charme individuel. La poterie indienne n'a pas seulement de valeur pour le collectionneur et l'étudiant en ethnologie; le potier d'aujourd'hui trouve beaucoup de choses utiles et suggestives dans les processus primitifs, ainsi que dans les formes et la décoration.

FIG. 65

Une étude de la gamme des formes et des dessins de la poterie indienne est une révélation pour beaucoup de ceux qui ont considéré l'Indien comme un sauvage ignorant. Outre sa beauté et sa valeur décorative, les utilisations de la poterie indienne dans nos maisons sont nombreuses. Le grand bol montré dans l'assiette suggère une manière délicieuse d'utiliser cet article. Des plantes à feuillage de toutes tailles, d'un minuscule cactus, qui semble trouver un bol à base arrondie le plus confortable des lieux de vie, à une grande fougère étalée, s'harmonisent avec les couleurs indiennes. Il en sera de même pour les plantes à fleurs, sauf celles qui ont des fleurs rouges, roses ou violettes; et quel soulagement ces bols à plantes sont pour les yeux après quelques-unes des jardinières que l'on voit!

POTERIE INDIENNE

Sur la droite, un morceau de poterie en terre cuite et noir, fabriqué par un indien Pima. A côté se trouve un plat à anse, moulé par un indien Zia du Nouveau-Mexique. Le bol est également de la vaisselle Zia. Sur la gauche se trouve une cruche telle que fabriquent les Indiens Maricopa.

Les grands bols sont également utiles pour contenir des fruits sur le porche d'une maison de campagne, tandis que les plus petits servent de bols à noix. Les pièces basses en forme de plaque font d'excellents plateaux à cartes et les petits bols Tenir des matchs. Il y a de curieuses petites pièces sous forme de chaussures fabriquées par les Indiens du Nouveau-Mexique. Ceux-ci sont également utiles pour les allumettes ou les cendres de cigare (voir Fig. 63). Le dernier et le moins, bien que de taille seulement, est la poterie-jouet - des tirelires sous forme de cochons bien nourris, de sifflets et de petits plats, tasses, cruches et assiettes - ensorcelant aussi bien les petites filles que les grandes. Quelques-uns d'entre eux sont représentés sur les Fig. 64 et 65. Ils sont de couleur rouge indien et jaune crème, avec des motifs noirs, et sont rarement deux pareils.

Les modes changent aussi bien dans la poterie que dans d'autres choses, et les formes bizarres qui nous plaisent aujourd'hui peuvent être ridiculisées demain; mais les marchandises primitives ont une valeur durable. Les pièces qui ont été moulées pour le service, par des potiers dont l'amour pour la nature et ses beautés doit s'exprimer même sur la décoration d'une marmite, dureront longtemps après que la vaisselle faite uniquement pour l'argent soit retournée au sol d'où il est venu.

CHAPITRE XII : POTERIE AMÉRICAINE MODERNE

L'un des signes les plus encourageants de l'avancée du goût chez les Américains se trouve dans leur appréciation de la poterie qui est actuellement fabriquée dans ce pays. Le temps était où les jardinières en majolique et la porcelaine autrichienne, avec leurs hautes couleurs et leurs glacis vitreux, étaient à désirer. Heureusement, ils optent pour des «suites» de meubles moelleux et des couettes folles.

Une grande partie de la simplicité de la méthode et de la conception de la poterie américaine provient de l'étude des processus, des formes et des décorations primitifs. La vaisselle indienne, bien que de moindre valeur que d'autres pour l'étudiant en céramique, en raison de sa douceur de corps et de sa surface non émaillée, est néanmoins pleine de sentiment artistique et de suggestion pour les fabricants de poterie. Il existe également de nombreuses preuves de l'influence française et japonaise.

Dans diverses parties du pays, de la vraie poterie d'art est en cours de fabrication - chaque article avec sa propre individualité et plus ou moins caractéristique de la partie du pays d'où il vient. Jusqu'à présent, peu de vaisselle a été essayée dans ces poteries - le Dedham étant presque le seul où il est fabriqué.

La poterie moderne est soit moulée à la main, jetée sur le tour du potier, soit coulée dans des moules. Après sa formation, il est généralement décoré, soit par l'artiste-potier lui-même, soit par un jeune homme ou une femme qui a appris le design appliqué à la poterie. La décoration est soit peinte avec des couleurs qui ont été mélangées avec des argiles, comme certains articles de Rookwood, soit incisée, modelée en relief, ou construite, comme la poterie de Volkmar.

Une fois qu'il est bien sec, le pot est cuit dans le grand four, cette fois sans glaçage, ou dans le biscuit. Il est ensuite vitré et cuit pour la deuxième fois.

Le potier philosophique - et tout potier a besoin de philosophie - ne désespérera pas si, au second tir, la pièce n'est pas satisfaisante. Il le glace à nouveau, avec tous les soins, à temps pour la prochaine cuisson, et est souvent récompensé en faisant en sorte que ce vilain petit canard d'un four devienne le cygne de l'autre.

Parmi les pionniers de la poterie d'art dans ce pays était Mme Maria Longworth Storer, une femme de Cincinnati, qui en 1880 a ouvert une poterie appelée par le nom de la maison de son père, Rookwood. Mme Storer avait, en plus d'un tempérament artistique, la patience et la détermination, ainsi que les ressources financières, nécessaires à une telle entreprise. Le premier four de la nouvelle poterie a été dessiné le jour de Thanksgiving. En 1889, la poterie était devenue autonome. Rookwood a toujours été une poterie typiquement américaine. Dès le début, des argiles indigènes ont été utilisées, et leurs possibilités ont été découvertes avec la cuisson de chaque nouveau four. Des argiles qui brûlent à une chaleur relativement basse ont été utilisées au début, ce qui a nécessité l'emploi de glaçures molles. Plus tard, les articles jaunes, ou Rockingham, ont formé le corps des pièces, et maintenant un corps blanc crème est utilisé, ce qui produit une poterie solide et belle. Ceci est fini avec un glacis mat. Au début, la teinte de l'argile indigène a incliné la palette de couleurs vers les bruns chauds, les jaunes et les rouges. Cette vaisselle était décorée de motifs de fleurs ou de figures sous une glaçure brillante. Il est connu sous le nom de Standard Rookwood. L'oeil de tigre et la pierre d'or sont d'autres produits avec des effets de glaçage qui ne sont pas sans rappeler le Standard Rookwood. Les deux ont des motifs sombres avec une lueur lumineuse d'or - un des accidents intéressants du four. D'autres variétés de Rookwood, dans l'ordre de leur développement, étaient Sea Green, dans lequel un effet vert opalescent est parfois soulagé avec une touche de jaune ou de rouge, et Iris, qui a le corps blanc crème déjà mentionné. Cela permet au potier de produire des tons gris dans ses glacis. Dans Rookwood, qui est recouvert de la glaçure fluide, il y a une qualité qui ne diffère pas de certaines des anciennes marchandises chinoises. Il a une richesse de texture lumineuse et belle. Les décorations sont peintes en relief, si simplement que la glaçure coule avec charme sur elles. Il existe également une variété de poteries Rookwood avec un glacis mat. En cela, le processus est entièrement différent de celui utilisé pour fabriquer les autres types de bois de rook. L'émail est de la plus haute importance, les formes sont simples, parfois presque accidenté, et les décorations sont subordonnées. Il existe même des pièces entièrement non décorées, qui ne dépendent que de leur beauté de couleur et de leur texture. Les décorations adaptées de dessins indiens sont souvent modelées en relief ou incisées. Parfois, des métaux sont appliqués. Les manteaux, les panneaux muraux, les fontaines à boire et les reliefs architecturaux sont également en faïence de Rookwood.

FIG. 66

Nombreuses sont les marques de potiers qui ont été utilisées à Rookwood. Avant 1886, il y en avait huit en tout. À ce moment-là, la marque représentée sur la figure 66 a été adoptée. Cela a été utilisé, avec l'ajout d'une marque de flamme pour chaque année suivante, jusqu'en 1900, lorsque la marque était comme Fig. 67. Depuis cette date, un chiffre romain a été ajouté sous la marque, selon l'année de fabrication de la pièce . Par exemple, les pièces de l'année en cours portent le chiffre romain IV. sous la marque utilisée en 1900.

FIG. 67

Un voisin relativement proche de Rookwood est la poterie Gates, près de Chicago, où les articles Teco sont fabriqués. L'amour du potier pour son travail et le zèle du potier pour produire quelque chose de plus parfait et de plus beau qu'il ne l'avait jamais fait auparavant, ont conduit William D.Gates, qui avait longtemps fabriqué de la terre cuite à des fins architecturales, à expérimenter avec des argiles et des glacis jusqu'à ce que finalement Teco la vaisselle a évolué. C'est une poterie dure et durable construite sur des lignes simples. Artistes occidentaux et des architectes remarquables ont contribué à la conception et aux formes de cet article et, pour la plupart, les pièces sont belles et reposantes pour les yeux. Les quelques décorations incisées ou moulées ne sont pas mises en évidence, mais suggérées plutôt que nettement définies. Sur tout, il y a un vernis mat de texture douce et cireuse en vert - le vert qui fait penser au bronze patiné.

Situées dans une vallée pittoresque, entourée de fleurs et à proximité d'un petit lac, les poteries Gates sont situées de manière à inspirer les potiers d'artistes qui façonnent les formes et décorent les objets. Le but des fabricants de poterie Teco était de produire un article qui soit satisfaisant et beau, et pourtant d'un coût relativement faible.

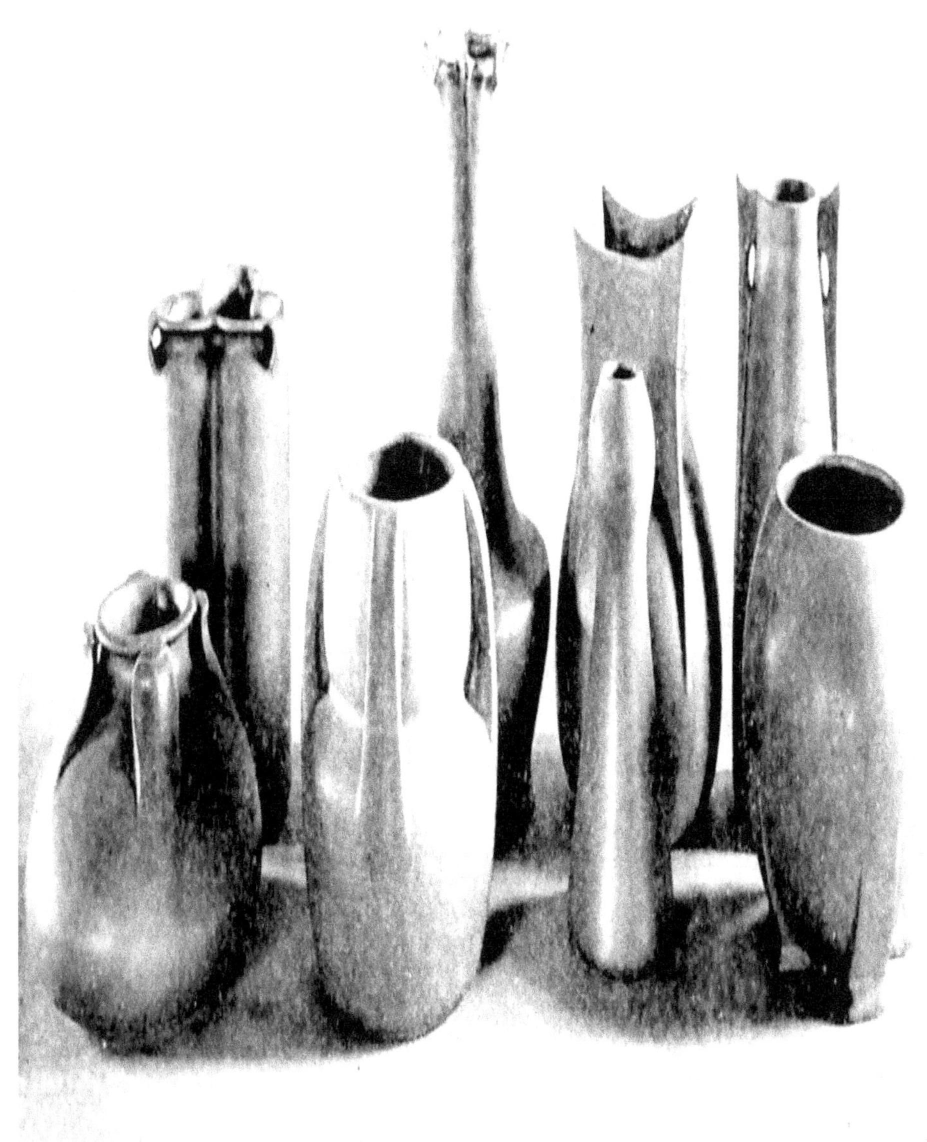

TECO WARE

C'est un voyage loin de ces poteries aux trois villes de la Nouvelle-Angleterre où se trouvent les poteries Grueby, Dedham et Merrimac. La céramique Grueby, fabriquée pour la première fois à Boston en 1898, est remarquable pour la glaçure découverte par M. William H. Grueby. Bien que, pendant de nombreuses années, la poterie au fini terne ait été produite par sablage d'articles avec une finition brillante, ou en prenant un morceau de poterie émaillée et en le traitant avec de l'acide, pour le rendre terne, les poteries Grueby ont été les premières dans le histoire de la céramique pour faire une poterie terne dans leurs fours. La surface ainsi obtenue a un aspect profond et velouté, contrairement à toute autre finition réalisée - telle que celle que possédaient les anciennes poteries coréennes. La céramique a été exposée pour la première fois à Paris, en 1900, où elle a fait sensation, et le gouvernement français a décerné aux poteries Grueby une médaille d'or pour les émaux et les glaçures, ainsi qu'une médaille d'argent pour le design, et a donné à M. Grueby personnellement un médaille d'or pour le travail qu'il avait accompli dans les émaux mats. Les formes sont simples et bonnes, et les décors, incisés ou modelés en relief, sont planifiés de manière à ce que l'émail coule bien sur eux. Les formes de plantes courantes, telles que la feuille de molène, les brins d'herbe, le plantain et les feuilles enveloppantes du lys, sont les motifs de ces dessins. Il y a une délicatesse - on pourrait presque dire une réserve - dans leur traitement qui est rare et très intéressante. La poterie est dure et la glaçure telle qu'elle est applicable à un article qui cuit à une grande chaleur. Les couleurs de la poterie Grueby sont belles et riches, allant d'une vieille teinte ivoire aux jaunes dorés, aux bruns roux, aux bleus veloutés et à une variété de nuances vertes. La texture de la glaçure est douce, comme la floraison d'un melon, et elle présente un réseau inhabituel de marques. Aucun moule n'est et il a un réseau inhabituel de marquages. Aucun moule n'est et il a un réseau inhabituel de marquages. Aucun moule n'est utilisé dans la fabrication de cette poterie; tout est jeté sur la roue et, comme dans les anciennes marchandises, il n'y a pas deux pièces exactement identiques.

Outre sa beauté et sa valeur artistique, le fait que la poterie Grueby soit réalisée sous des formes utiles la rend doublement désirable. Parmi les lampadaires, en particulier, il y a la plus grande variété. Ceux-ci sont faits à la fois pour le pétrole et l'électricité. Dans la lampe Grueby-Tiffany, deux charmants produits des arts appliqués sont combinés: le pot étant de la céramique Grueby, et l'abat-jour en verre plombé ou soufflé du design et de la fabrication Tiffany.

La poterie Dedham est remarquable pour de nombreuses raisons, la principale étant le fait qu'elle est, comme déjà indiqué, presque le seul endroit dans ce pays où la vaisselle d'art est fabriquée. Certains de ces articles, connus sous le nom de Bunny china, ont des petits lapins réalistes sur la frontière, d'autres ont des dessins de canards et d'autres ont encore des bordures de fruits. Les merveilleuses glaçures orientales qui sont utilisées sur des pièces de vaisselle Dedham ont été redécouvertes par M. Hugh C. Robertson. L'émail le plus connu de cette poterie, cependant, est le craquelé gris avec des motifs de bleu.

À la poterie de Merrimac, à Newburyport, un excellent produit est fabriqué. Quelques-unes des pièces sont moulés, mais la majorité sont jetés sur le tour du potier. Peu de décoration est utilisée, le charme de la vaisselle étant sa forme et sa couleur.

Parmi les artistes potiers les plus remarquables de ce pays se trouve M. Charles Volkmar, des Volkmar Kilns, à Metuchen, New Jersey. Artiste jusqu'au bout des doigts, il a un pouce de potier qui fait l'envie de tous ceux qui sont moins évidemment nés du métier. M. Volkmar a étudié non seulement l'art, mais aussi son artisanat, à Paris, vêtu du chemisier d'un ouvrier des poteries, où il a appris si admirablement à travailler l'argile qu'il y en a peu dans ce pays qui l'approchent. La vaisselle réalisée par M. Volkmar et son fils, M. Léon Volkmar, est remarquable par la beauté simple de ses formes et par la qualité de ses émaux. Le corps de l'article est jaune pâle, et il est extrêmement dur et durable. Il y a des années, M. Volkmar fabriquait une belle vaisselle bleu et blanc décorée de scènes historiques. Ses pièces sont maintenant pour la plupart finies avec un vernis mat, bien que certaines aient une surface transparente brillante. Tous sont beaux en couleur. C'est là que l'artiste s'expose par excellence. La texture profonde et riche de l'émail mat adoucit, mais ne cache pas, le simple dessins incisés ou construits. Les motifs percés de la poterie Volkmar sont décoratifs et solides. Cet article est aussi pratique à utiliser qu'il est charmant à regarder. Les pots de fleurs sont dans des tons qui s'harmonisent délicieusement avec les fleurs qui les remplissent, et les pots ont des lignes fluides et gracieuses, et pourtant sont substantiels et de proportions généreuses. La plaque montre quelques pièces de cette vaisselle. La pièce de gauche est d'un brun jaunâtre pâle, avec une finition brillante; cela convient pour un bol de lampe ou pour des fleurs. À côté se trouve une petite tasse robuste, avec un glacis mat vert foncé. Le pot suivant est fini avec un glaçage transparent bleu terne, et le plus grand morceau en forme de vase sur la droite a un émail mat de gris-vert pâle. Non loin des fours Volkmar, à Woodbridge, New Jersey, se trouve la poterie Poillon, où sont fabriqués les articles de jardin. Grands bacs d'arbres et de plantes, Les supports de cadran solaire, les bordures de puits et les boîtes de rebord de fenêtre sont quelques-unes des choses qui proviennent de cette poterie. Les formes de ces pièces sont substantielles et bonnes. Une excellente poterie d'intérieur est également moulée - chandeliers, articles de toilette, cruches et bols à fleurs - une foule de formes utiles et attrayantes, recouvertes d'une glaçure fluide. La vaisselle est finie dans une variété de couleurs, le jaune étant l'un des plus réussis. Les poteries Poillon ont conçu des faïences spéciales pour les clubs de pays - lampes, articles de toilette, cendriers, bols d'allumettes; tous de couleur et de dessin uniformes, et chacun spécialement adapté dans sa forme à l'usage auquel il est destiné.

QUELQUES MORCEAUX DE POTERIE VOLKMAR

Le travail de la Brush Guild de New York ressemble plus à de la poterie indienne qu'à toute autre marchandise américaine. Les pièces ont

toutes un aspect moulé à la main et les quelques modèles sont assez primitifs dans leur simplicité. La finition noire brillante suggère une cuisson par étouffement indienne. Ce n'est pas sans rappeler la poterie noire que fabriquent les Indiens de Santa Clara, et les grandes pièces généreuses évoquent également cette céramique. Contrairement à toute poterie indienne, cependant, les bols et les bocaux de la Brush Guild retiendront parfaitement l'eau.

De l'extrême sud vient un article extrêmement intéressant: il s'agit de la poterie Newcomb, fabriquée par les étudiants du Newcomb College de la Nouvelle-Orléans. On peut le voir lors d'expositions de guildes d'art et d'artisanat ici dans le Nord. La vaisselle provient du département d'art du Newcomb College. Ici, pendant des années, des professeurs de dessin et de peinture avaient été formés, mais il a commencé à être manifeste que, faute d'autres domaines pour les artisans, ce département ne pouvait pas être d'une grande utilité. La création d'une poterie était la solution pratique de cette difficulté. De nombreuses jeunes femmes ont trouvé, dans la fabrication de cette poterie, une vocation artistique dont elles tirent profit et réputation. Le but des créateurs de la première fois était de fabriquer un article qui serait individuel, qui devrait avoir un charme qui lui est propre. Ceci a été accompli en prenant comme motifs pour les dessins les fleurs, plantes et arbres inhabituels et magnifiques du Sud, ainsi que la vie animale de cette partie du pays. Un charmant pichet a un dessin de gouttes de neige, peint en slip blanc crème sur un fond jaune-gris. Une autre pièce a un décor de poissons, et sur une autre encore, un pot de fleurs haut et élancé, des tiges de canne à sucre forment le dessin.

Les méthodes de décoration sont l'incision, la peinture et le modelage, utilisées ensemble ou séparément, selon les exigences de la conception. Une grande liberté est permise dans le choix de la couleur ainsi que dans la décoration, chaque ouvrier ressentant la responsabilité attachée à une poterie signée. Une partie de la vaisselle n'est pas décorée, à l'exception des touches inattendues du four, qui donnent des effets charmants et inhabituels.

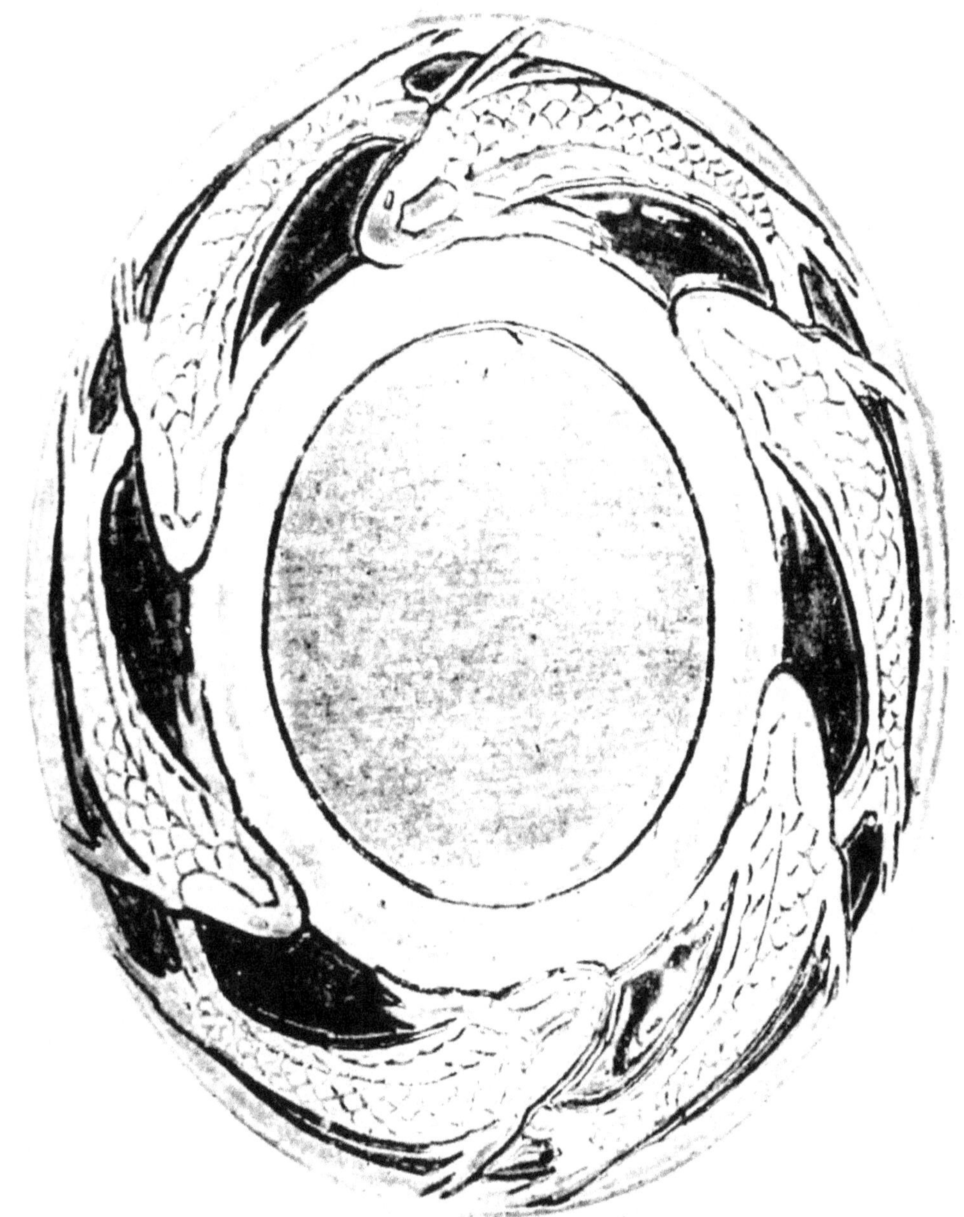

UN MORCEAU DE POTERIE NEWCOMB

La marque représentée sur la figure 68 distingue la poterie Newcomb, et seules les pièces qui la reçoivent et qui sont approuvées par le département artistique.

FIG. 68

Des œuvres individuelles de mérite sont produites chaque année dans ce pays, et il ne faudra pas longtemps avant que le potier solitaire d'aujourd'hui, moulant ses pièces et testant ses glaçures dans quelque petit atelier, comme une chrysalide brune, perfectionnera sa vaisselle; de sorte que le petit atelier s'agrandisse dans un grand bâtiment, et un autre bel objet sera ajouté à la poterie américaine moderne.